平 台

王忠　陈冰莹 著

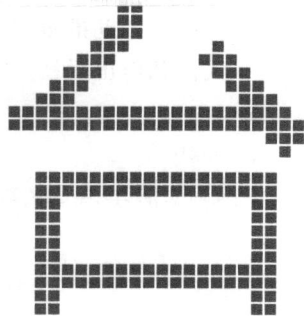

助推
数字化转型

PLATFORM REGULATION

BOOSTING DIGITAL TRANSFORMATION

规 制

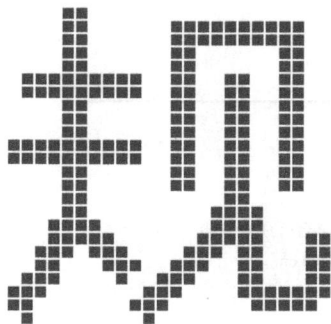

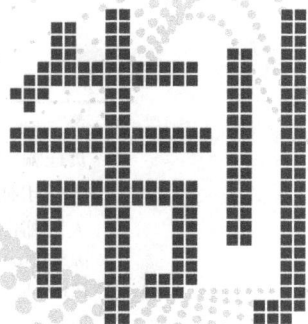

人民邮电出版社

北京

图书在版编目（CIP）数据

平台规制：助推数字化转型 / 王忠，陈冰莹著.
北京 : 人民邮电出版社，2025. -- ISBN 978-7-115
-65529-5

Ⅰ. F49

中国国家版本馆 CIP 数据核字第 20249YV010 号

内 容 提 要

本书针对生产型与消费型两类平台，深入探讨规制如何影响提供者搭建平台，如何影响参与者加入平台，平台如何形成可持续的生态系统，进一步从平台提供者与平台参与者的双重视角，探讨平台规制对不同行业数字化转型的影响，以及如何优化规制促进数字化转型。同时，分析了平台数据集成的重要价值，倡导构建"行业大脑"以优化政策制定与引领产业升级。希望在应对数字时代的变革与挑战时，本书能为政策制定者、企业领导者及学者提供理论参考与实践指南。

◆ 著　　　　王　忠　陈冰莹
　　责任编辑　林舒媛
　　责任印制　王　郁　胡　南

◆ 人民邮电出版社出版发行　　北京市丰台区成寿寺路 11 号
　　邮编　100164　　电子邮件　315@ptpress.com.cn
　　网址　https://www.ptpress.com.cn
　　固安县铭成印刷有限公司印刷

◆ 开本：720×960　1/16
　　印张：11　　　　　　　　　　2025 年 3 月第 1 版
　　字数：189 千字　　　　　　　2025 年 3 月河北第 1 次印刷

定价：79.80 元

读者服务热线：(010)81055410　印装质量热线：(010)81055316
反盗版热线：(010)81055315

前　言

第四次工业革命也被称为数字化革命，是数字技术所驱动的社会生活生产方式的变革[1]。新兴数字技术如大数据、云计算、移动互联网、数字孪生等的成熟和发展，已深刻影响社会的方方面面。各行各业都面临着数字化转型带来的机遇和挑战。在数字化转型过程中，面对错综复杂、可宏观可微观的变革命题，本书主要从平台的角度来研究数字化转型。平台是数字技术发展的产物，在数字时代扮演着连接各个参与主体、整合资源、服务各方的角色，为数字化转型提供新的发展方向和可能性。越来越多的企业意识到平台可以加快其数字化转型进程，向平台借力已经逐渐成为我国企业数字化转型的重要路径[2]。企业在平台生态中扮演两个核心角色，即平台提供者和平台参与者。平台提供者是平台的搭建者和运营者，平台参与者则代表了平台上产品或服务的供需双方。面对数字技术带来的机遇和挑战，规制如何影响平台提供者搭建平台，如何影响平台参与者加入平台，平台如何形成可持续的生态系统，在此过程中如何优化规制流程，这些是本书试图回答的主要问题。

1．重要概念说明

① 生产型平台和消费型平台

从平台价值创造模式的角度看，平台可以分为生产型平台和消费型平台。当前学界对消费型平台的研究相对更加深入，而对生产型平台的关注相对较少。这或因生产型平台出现得较晚，相关科研成果的积累相对较少。学者们广泛探讨了消费型平台如何吸引消费者、提供个性化的消费体验、建立持久的用户关系等[3-5]。学界还关注了消费型平台如何通过数据分析和个性化推荐来提高销售额，以及如何应对激烈的市场竞争[6-8]。而随着近年来工业互联网、物联网和大数据等技术在制造业和供应链领域的广泛应用，生产型平台的发展日益受到重视[9]，相关理论研究在未来会获得更多的关注，能够帮助企业在竞争激烈的市场中保持优势。在此背景下，本书聚焦于平台的发展与规制，研究对象将兼顾二者，后续涉及案例分析的章节所选择的研究对象如下。

第4章着眼于生产型平台，分析平台提供者如何赋能平台参与者的数字化转型进程，为平台参与者实现效率提升提供支持。第5章与第6章关注消费型平台的发展，深入研究平台规制作用下典型消费型平台的运作模式，以推动其为用户提供可靠的服务，优化资源配置。第7章从数据价值挖掘的角度出发，主要分析当前典型的生产型平台提供者如何与政府共同挖掘数据价值，以促进政府治理能力的提升。

② 规制

为了更好地帮助读者理解本书内容，我们在此对"规制"一词的概念进行简要解释。"Regulation"在经济学中有管制、约束的意思。美国经济学家丹尼尔·F. 史普博（Daniel F. Spulber）在《规制与市场》（*Regulation and Markets*）中将"规制"定义为"行政机构制定并执行的直接干预市场机制或间接改变企业和消费者供需决策的一般规则或特殊行为"，这一定义受到学界的认可。目前"规制"常被用于环境规制、政府规制中。本书基于此定义进一步探讨"规制"在平台经济中的重要性。

2. 本书的研究框架

本书从平台的角度出发研究数字化转型，首先介绍研究背景，并分析数字化转型与平台的前沿理论，以帮助读者建立对本书内容的基础认识。接着，本书重点探讨平台规制对数字化转型的影响，明确平台规制的对象、主体和措施。在此基础上，本书深入分析平台提供者赋能平台参与者数字化转型的三种模式，为企业开展数字化转型提供实践参考，同时加深读者对企业在平台中的角色定位的理解。另外，本书以互联网医疗平台和停车平台为例，探讨了平台规制措施对平台生态的影响路径，为政府制定平台规制措施以及企业通过平台实现数字化转型提供理论参考和实践建议。最后，本书着眼于打造"行业大脑"，旨在帮助政府和企业进一步挖掘数据价值，以支持产业政策的制定。

3. 本书各章的内容简介

第 1 章，分析本书的研究背景，介绍工业化以及数字化等相关概念，为后续讲解相关内容搭建基础。

第 2 章，综述关于数字化转型与平台的理论进展，帮助读者了解数字化转型与平台的内涵和重要性，同时探讨数字化转型的安全与伦理风险以及平台的垄断倾向，为后续章节的实践探讨提供理论支撑。

第 3 章，聚焦于平台规制这一重要主题。首先，分析平台生态中的企业角色定位，明确平台规制的对象；其次，从多中心治理理论的角度介绍目前平台规制的主体与措施，从外部监管和内部自治两个角度探讨当前不同规制主体扮演的角色和发挥的作用；同时，总结目前平台规制的难点，并从竞争监管、公共义务以及税收制度的角度提出平台规制的原则。

第 4 章，关注平台提供者对平台参与者的赋能模式。基于实地调研开展案例分析，将目前平台提供者赋能平台参与者数字化转型的模式分为技术赋能、数据标准赋能以及质量管理赋能三种，使用多案例分析法分析平台参与者如何通过平台实现数字化转型，为平台提供者和平台参与者的数字化发展提供实践参考。

第 5 章，关注平台准入政策对平台生态的影响。本章深入分析在准入政策的规制下互联网医疗平台的三种运作模式，并从直接、间接两个角度分析准入政策对平台模式的影响机制，通过案例研究为平台参与者搭建或融入平台生态、实现数字化转型提供理论参考，以及为准入政策的优化提供理论支撑。

第6章，研究价格管制对平台生态的影响。本章通过案例分析对比A城与B城停车价格管制措施的差异，对城市停车平台的发展提出实践建议。本章通过重点分析价格管制措施对两城停车平台数字化转型的影响，在理论层面丰富停车平台数字化转型和城市停车管理等方面的研究文献，在实践层面为城市停车数字化转型提供建议。

第7章，从平台数据集成与数字化转型的视角，研究平台数据集成对政府以及企业的作用。本章将探讨数据集成在数字化转型过程中的重要意义，并从政企协同的角度探讨推动平台生态可持续发展的举措，为政府和企业在数据集成与协同合作方面提供参考，促进二者可持续发展。

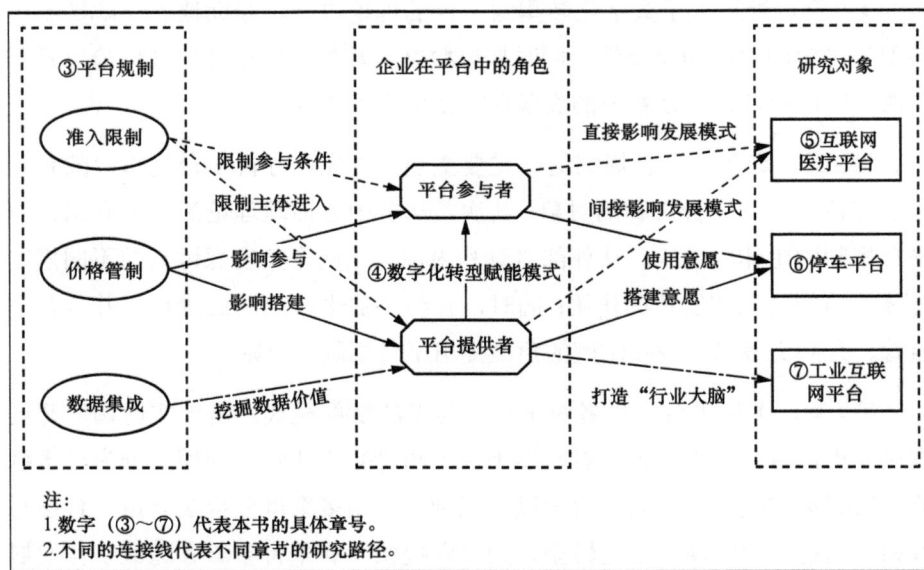

本书的研究框架图

本书将平台相关方分为平台提供者和平台参与者，从理论到实践，系统地探讨了数字化转型与平台之间的关系，包括平台赋能、平台规制以及平台数据集成等方面的内容，旨在为平台规制以及企业数字化转型提供理论参考和实践建议。希望本书能够为政策制定者、企业领导者、学者以及其他所有对数字时代的商业和社会变革感兴趣的人提供参考，帮助读者更好地应对日新月异的数字浪潮。

王　忠　陈冰莹

2024 年 10 月

资源与支持

资源获取

本书提供如下资源：

- 本书思维导图；
- 异步社区 7 天 VIP 会员。

要获得以上资源，您可以扫描右侧二维码，根据指引领取。

与我们联系

我们的联系邮箱是 linshuyuan@ptpress.com.cn。

作者和编辑尽最大努力来确保书中内容的准确性，但难免会存在疏漏。欢迎您将发现的问题反馈给我们，帮助我们提升图书的质量。

如果您对本书有任何疑问或建议，请您发邮件给我们，并请在邮件标题中注明本书书名，以便我们更高效地做出反馈。

如果您有兴趣出版图书、录制教学视频，或者参与图书翻译、技术审校等工作，可以发邮件给我们。

如果您所在的学校、培训机构或企业，想批量购买本书或异步社区出版的其他图书，也可以发邮件给我们。

如果您在网上发现有针对异步社区出品图书的各种形式的盗版行为，包括对图书全部或部分内容的非授权传播，请您将怀疑有侵权行为的链接发邮件给我们。您的这一举动是对作者权益的保护，也是我们持续为您提供有价值的内容的动力之源。

关于异步社区和异步图书

"**异步社区**"（www.epubit.com）是由人民邮电出版社创办的 IT 专业图书社区，于 2015 年 8 月上线运营，致力于优质内容的出版和分享，为读者提供高品质的学习内容，为作译者提供专业的出版服务，实现作者与读者在线交流互动，以及传统出版与数字出版的融合发展。

"**异步图书**"是异步社区策划出版的精品 IT 图书的品牌，依托于人民邮电出版社在计算机图书领域多年的发展与积淀。异步图书面向 IT 行业以及各行业使用 IT 技术的用户。

目　录

第1章 不可逆转的数字化之势

随着第四次工业革命的到来，新一代的数字技术正引领新一轮的产业变革，经济形态正从工业经济向数字经济转变[10]。为了更好地把握数字社会的基本特征，抓住数字经济的发展机遇，制定未来发展战略，我们需要对从工业社会到数字社会的发展进程有基本认识和了解，从而更好地应用数字技术，融入数字社会。

1.1 工业、工业化与工业社会

1.1.1 工业

工业是与农业、服务业对应的概念，从广义上来讲，工业是经济活动的一个分支。根据《国民经济行业分类》（GB/T 4754—2017），国民经济行业共有20个门类、97个大类、473个中类、1382个小类。根据统计分类标准，工业是采矿业，制造业，电力、热力、燃气及水生产和供应业的合称，即表1.1中的B、C、D，包括41个大类、207个中类和666个小类。

表1.1 国民经济行业分类-门类

门类	类别名称	门类	类别名称
A	农、林、牧、渔业	D	电力、热力、燃气及水生产和供应业
B	采矿业	E	建筑业
C	制造业	F	批发和零售业

门类	类别名称	门类	类别名称
G	交通运输、仓储和邮政业	N	水利、环境和公共设施管理业
H	住宿和餐饮业	O	居民服务、修理和其他服务业
I	信息传输、软件和信息技术服务业	P	教育
J	金融业	Q	卫生和社会工作
K	房地产业	R	文化、体育和娱乐业
L	租赁和商务服务业	S	公共管理、社会保障和社会组织
M	科学研究和技术服务业	T	国际组织

1.1.2 工业化

工业化是工业产值在国内生产总值中的比重不断上升的过程，最直接的表现是工业在国民经济中所占比重及其影响程度显著上升，它是从以农业或自然资源为基础的经济向以大规模生产为基础的经济的转变过程[10]。工业发展是工业化的显著特征之一，但是工业化不仅表现为工业的发展，还与城市化、服务业的发展相关。在工业化的进程中，劳动力要素由农业部门向非农业部门转移将带来资源配置效率的提升[11]。工业化对于一个国家或地区的发展具有重要的意义，能够促进经济增长、技术进步、社会变革等。

从 18 世纪 60 年代至今，全世界发生了多次工业革命，带动了社会生产方式的变革[12]。前两次工业革命主要是资本品对人类体力劳动的替代，而第三次工业革命主要是资本品对人类脑力劳动的替代[13]。工业化引发了社会结构的变革和社会组织的重构。在推进工业化的过程中，传统的农业社会逐渐转变为城市工业社会，农民大量转移至城市从事工业生产，城市化进程加快。工业革命的进行伴随着社会结构和社会关系的重塑。随着机器取代人力，大规模工程化生产取代个体手工生产，社会财富空前增长。

不同国家在工业化进程中采取了各自的工业化战略。例如，德国提出的"工业 4.0 战略"注重数字化和自动化技术的应用，强调将传统制造业与信息技术相结合，实现智能化生产和高度灵活的供应链管理。美国则提出了工业互联网的概念，强调将物理系统与数字系统相连接，实现更高效的生产和创新。中国则提出"新型工业化"的战略，坚持以信息化带动工业化，以工业化促进信息化。这些工业化战略的实施在各国取得了不同程度的成功，其最终目标都是推动经济结构的升级和创新能力的提升，以增强国家的竞争力和可持续发展能力。然而，不同国家的工业化进程受到各种因素的影响，这些因素包括国家的资源和技术基础、政府的政策支持、产业结构和人力资源等。不同国家在工业化的道路上采取了不同的战略，以适应各自的国情和发展需求。

1.1.3　工业社会

自 18 世纪以来，人类不断探索工业社会的发展[14]，工业化一直是世界经济发展的主题。伴随着工业革命的进行，经济的工业化转型引起了整个社会的全面变革，以工业生产为经济主导的工业社会逐渐形成。

根据现有的研究，相较于之前的农业社会，工业社会主要具有如下特征：①科学技术发达，以大机器的使用为核心的大生产取代了以劳动力和自然资源为主的手工小生产；②社会分工精细，工业社会高度精细化的分工提高了生产效率；③城市化，工业革命带来的城市化体现为人口聚集，形成了城市中心和郊区；④奠定数字化基础，随着信息技术的迅猛发展，人类社会正从工业社会迈进以数字化为特征的数字社会[15]。

1.2　信息化、数字化、数据化、智能化与数智化

从工业社会向数字社会迈进的过程中，信息化、数字化、数据化、智能化、数智化等数实融合浪潮不断兴起，改变着社会的生活生产方式。本节将介绍这些概念以及它们之间的联系与区别，以便读者更好地区分。

1.2.1　信息化（Informatization）

从信息化的发展历程来看，日本对信息产业和信息化的探索相对较早。1948年，Shannon发表的《通信的数学理论》奠定了现代信息论的基础[16]。1963年初，Tadao Umesao提出信息化的概念，将信息化定义为通信现代化、计算机化和行为合理化的总称[17]，形成了对信息化的基本认识。时至2023年，西方国家发展信息化已经有60多年的时间，相较之下，我国发展信息化仅有30多年的时间。但是，中国高度重视信息化的发展。《2006—2020年国家信息化发展战略》提出了"信息化"的定义，强调信息化是指充分利用信息技术，开发利用信息资源，促进信息交流和知识共享，提高经济增长质量，推动经济社会发展转型的历史进程。信息化也渐渐成为衡量国家现代化程度和经济社会发展质量的一个标准。

不仅是国家，企业也高度重视信息化的发展。在企业实现信息化的过程中，信息化系统的支持不可或缺。目前主流的企业信息化系统主要有OA系统、ERP系统、CRM系统、SCM系统、EAM系统，以及PLM系统。这些系统在提高企业效率、优化资源配置、科学化管理、供应链协同等方面发挥重要作用，助力企业实现数字化、智能化运用与管理，具体如表1.2所示。

表1.2　目前主流的企业信息化系统

系统	简介
OA（Office Automation，办公自动化）系统	将传统办公和计算机网络功能结合起来的一种新型办公系统
ERP（Enterprise Resource Planning，企业资源计划）系统	将物流、商流、信息流集成化管理的大型的企业信息管理系统
CRM（Customer Relationship Management，客户关系管理）系统	以客户为中心，管理和维护企业与客户之间的关系和信息
SCM（Supply Chain Management，供应链管理）系统	实现供应链全过程管理，包括从原料采购、生产到售运的产品生产售卖全过程
EAM（Enterprise Asset Management，企业资产管理）系统	用于维护和控制企业资产及设备的运用，提升资产在其整个生命周期的利用质量和利用率

续表

系统	简介
PLM（Product Lifecycle Management，产品生命周期管理）系统	从产品创意、规划设计、生产制造一直到售后服务支持的产品生命周期全过程管理

1.2.2 数字化（Digitalization①）

数字技术的发展和融合带来了前所未有的数字化浪潮[18]。数字化第一次与计算机结合出现在大家的视野是在1971年学术界讨论"计算机辅助人文学科研究的反对意见和潜力"的背景下，Robert Wachal探讨了"社会数字化"的社会影响[19]。数字技术的发展引发了人们对技术自动化的担忧，直到如今人们仍在讨论数字化转型可能造成的负面社会影响，例如失业问题、伦理问题，但是技术进步的步伐不会停止，世界正迈向崭新的数字化阶段[20]。1996年，美国学者Nicholas Negroponte在其出版的书中提出数字化生存的概念，在世界范围内引发了一场对数字化的热烈讨论[21]。尽管现有关于数字化的研究并没有对数字化的定义达成共识，但是不同学者提出的定义之间有一定的共同点。代表性数字化概念如表1.3所示。

表1.3 代表性数字化概念

学者/机构	数字化概念
Scott Brennen, Daniel Kreiss (2014)[19]	数字化指的是围绕数字通信和媒体基础设施进行社会生活重组的方式，涉及社会的许多领域
Dobrica Savić (2020)[20]	数字化以业务流程自动化为特征，通常是指改进或转变业务运营模式、功能以及流程。数字技术和数字化数据的使用，使业务变成了可操作的知识
James R. Beniger (1989)[22]	数字化被视为一种广义媒介，具有模仿或整合所有其他媒介的能力，能够将"多种形式的信息"整合在一起

① 在信息技术领域，数字化对应"Digitization"和"Digitalization"两个英文单词，在研究与实践中，"Digitization"和"Digitalization"大相径庭。在学界，"Digitization"的含义与计算机及网络的发明紧密相关，针对将模拟信号转变为数字信号的过程；"Digitalization"强调"Digitization"对社会的影响。

学者/机构	数字化概念
Bailom F, Matzler K, Eichen S (2016)[23]	结合不同的技术（如云计算、大数据、3D打印）进行数字化将带来前所未有的可能性，包括创造全新产品、服务和商业模式
I-Scoop (2017)[24]	数字化意味着将交互、通信过程，以及业务功能和业务模型，转换为更多的数字形式，通常可以归结为数字世界和物理世界的混合

这些数字化概念有两个共同点：第一，强调数字技术的应用；第二，强调不是信息的改变，而是组织中的业务流程、商业模式和价值创造路径等的系统性变革。

数字化是在信息化高速发展的基础上诞生和发展的，但与传统信息化方式不同，数字化更多是对业务流程、商业模式以及价值创造路径的系统性变革或重塑。信息化与数字化均以数据为核心生产要素，将组织中所有关于业务、生产、营销、客户等有价值的人、事、物全部转变为可存储、可计算、可分析的数据。而数字化强调利用数字技术对这些数据进行实时分析、计算以及应用，进而指导组织开展生产、运营等各项业务。

1.2.3　数据化（Datafication）

在物联网、大数据等新兴技术快速发展的背景下，数据成为重要的生产要素。党的十九届四中全会首次将数据增列为第七种生产要素。通过与劳动、资本、土地、技术、知识和管理这六大生产要素的结合，数据具备了现实的生产力，并日益成为经济发展的重要源泉[25]。一般意义上，数据被理解为数字化的信息和知识，其价值本质是消除不对称性与不确定性，从而使得资源配置和利用更加有效[26]。

关于数据化的含义，学界有多种解释。Paul等[27]认为数据化是指获取活动、行为或过程并将其转换为有意义的数据的实践。姜浩[28]提出数据化是将连续的数字比特结构化和颗粒化，形成标准的、开放的、非线性的、通用的数据对象的过程。值得关注的是，数据并不一定是指数值、量值。实际上，数据是人工形成的，其基本功能包括记录、测量、存储、表达等。运动手环等个人健身跟踪设备的广泛使用是数据化的最好例证，这些设备将个人活动和状态数据化，为人们提供可视化的、有价值的结果。可见数据化已经成为人们社会实践中不可或缺的工具。

事实上，大数据发展的核心动力来源于人类测量、记录和分析世界的渴望，也就是对数据化的需求[29]。数据化将计算机编码化的信息条理化，并通过查询、分析，实现对业务的指导。从本质上说，数据化是对大数据进行利用的过程。

1.2.4　智能化（Intellectualization）

目前部分产品在稳定性、智能性等性能指标方面尚难以满足消费者的需求，企业需要引入新兴的技术以提升其性能[16]。信息化、数字化以及数据化的发展，推动企业在生产经营中引进数字技术，这在一定程度上促进了技术的突破。计算机技术的引进为企业在生产经营过程中处理大量的数据提供了强有力的支撑。企业的目标也从获取有用数据转变为有效率地处理数据。这是由于信息获取的低边际成本使得企业所拥有的用户信息规模急速膨胀，远远超出了人类处理信息的能力。

智能化是指运用人类智慧促进资源和技术的使用效率提升的过程，其促进了人类智能与机器智能、个人智能与社会智能的协同发展[16]。在数字化以及数据化的基础上，智能化使得系统、设备或应用程序具备感知并获取信息进行分析和决策的能力，同时还具备自我调节以及自我决策行为的能力，以此实现发展。

1.2.5　数智化（Digital Intelligence）

数智化是数字化发展到人工智能更高阶段的产物，是数字化和智能化的融合应用[30]。在数据化和数字化的基础上，数智化以机器学习、人工智能等为核心要素，更加关注数据层面的治理和算法层面的智能[31]。数智化主要有两个特征：一是在大数据等数字技术的基础上，应用机器学习、深度学习等智能技术，实现技术的融合发展；二是更加注重将数据应用于治理，赋能业务的发展[16]。

目前，企业在数字化转型的基础上也进一步关注数智化转型。数智化转型涵盖了使用数字化、网络化、智能化等现代信息技术对业务流程、文化、架构、战略等进行优化和重塑的过程。企业通过深化智能技术在产品全过程的应用，实现其数字化、智能化的发展[32]，其数智化能力受到学界的关注。

1.2.6　各概念的联系与区别

通过梳理信息化、数字化、数据化、智能化以及数智化的内涵及应用，我们可以看出各概念并不是独立存在的，例如数字化脱离不了信息化，数字化是数据化的必经之路，数据化和智能化之间的区别主要是人工决策和智能决策的问题等。各概念之间的联系图谱如图1.1所示。

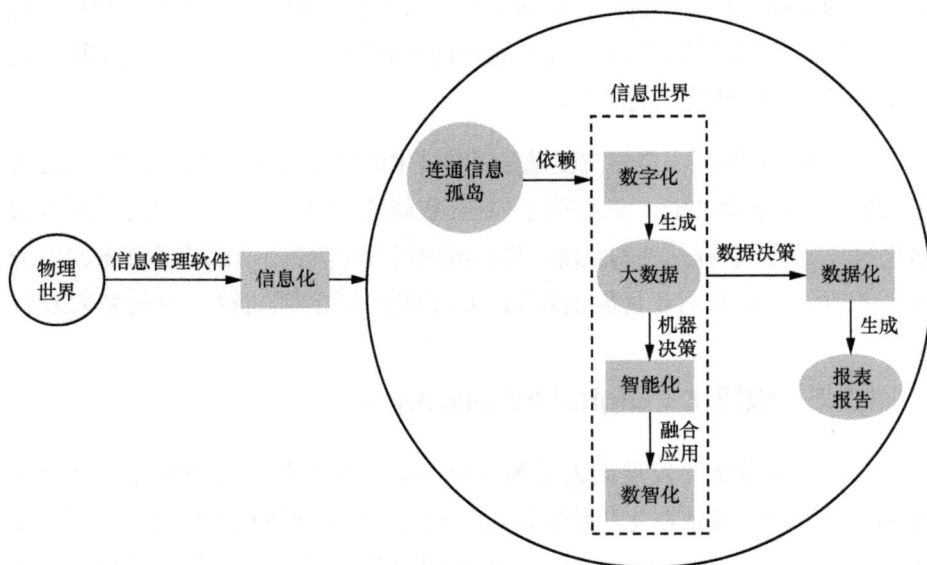

图1.1　数字化相关概念联系图谱

这些概念在内涵上有一些重叠，但也有明显的区别，主要体现在不同的概念强调的内容和应用领域上。数字化相关概念的区别如表1.4所示。

表1.4　数字化相关概念的区别

概念	强调的内容与应用领域
信息化	信息化强调信息的流动和共享，以提高效率、加强沟通和提供决策支持，通常关注组织和社会如何更好地利用信息技术来处理和传递信息，以实现更高效的生产和协作
数字化	数字化是一种战略，有助于企业更好地适应数字时代的需求，提高竞争力并创造更多的价值。数字化不限于数据的数字化转换，还包括利用数字技术来实现更高级别的数据分析、实时监控和智能决策支持
数据化	数据化强调数据的收集、分析和应用，涉及将数字化的信息（数据）用于洞察趋势、做出决策以及支持创新。数据化关注的是信息（数据）所包含的洞察能力和价值，以及如何有效地利用这些信息（数据）
智能化	智能化指在系统、设备或应用程序中引入人工智能和机器学习技术，使其能够自动学习和做出智能决策。智能化强调的是系统的智能和自主性，系统能够自动化地处理复杂任务和适应不断变化的环境
数智化	数智化是数字化、数据化和智能化的综合，强调在数字化和数据化的基础上，通过智能化技术实现更高级别的数据分析、洞察和应用

1.3　关键数字技术

1.3.1　数字技术的定义

数字技术的使用是数字化转型的重要组成部分。数字技术发展迅速，其概念也处在不断发展之中。对数字技术概念的界定目前并没有确切的说法。我们梳理文献发现，一些学者从不同角度对数字技术下了定义，如表1.5所示。

总之，根据各位学者对数字技术的理解，我们认为数字技术是由数字组件和数字平台以及数字基础设施等组成的具有传输信息、计算、沟通和连接等功能的产品或服务。数字技术的概念图谱如图1.2所示。

表1.5　数字技术的定义

角度	学者	定义
技术	Ina M. Sebastian等（2017）[33]	数字技术可以总结为SMACIT，即社交相关的技术（Social），移动技术（Mobile），分析技术（Analytics），云技术（Cloud），物联网（Internet of Things），例如大数据、云计算、移动互联网、人工智能、数字孪生、虚拟现实技术等
	Anandhi Bharadwaj等（2013）[34]	数字技术是信息、计算、沟通和连接技术的组合
组成	蔡莉等（2019）[35]	数字技术是指嵌在信息通信技术内或是由信息通信技术所支撑的产品或服务，包含数字组件、平台和数字基础设施
	Satish Nambisan等（2017）[36]	数字技术由数字组件、数字基础设施和数字平台三个不同但相关的元素组成
	YoungJin Yoo（2010）[37]	数字技术包括设备层、网络层、服务层、内容层四层
	郭海和杨主恩（2021）[38]	数字技术是指改进了的信息通信技术或系统，既包括数字硬件等物理部分，也包括网络连接、访问和操作等逻辑部分以及数据、产品、平台和基础设施等结果部分
	Kalle Lyytinen等（2016）[39]	数字技术是指由信息和通信技术体现或使之成为可能的产品或服务

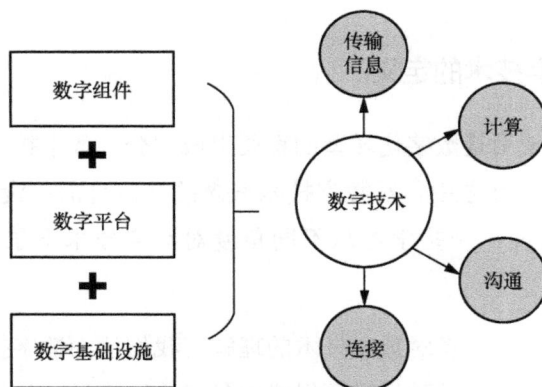

图1.2　数字技术的概念图谱

1.3.2 数字技术的特征

关于数字技术特征的分类，其中有代表性的是学者Yoo[37]所提出的观点。Yoo以数字组件为例，概括了数字技术的七个特征。此外，郭海和杨主恩[38]通过梳理文献，按照计算、通信、连接和应用四大功能类别总结归纳数字技术的特征。在以往学者的研究基础上，我们将数字技术的基本特征总结为计算、标记、连接、扩展应用四类，具体如表1.6所示。

表1.6 数字技术的特征

功能类别	特征	释义
计算类	可重新编程性	可以对非数字组件进行访问和修改
	数据同质化	可以将信息比特化为0和1这样的计算机语言
	可扩展性	以高性价比的方式实现功能、性能的扩展
标记类	可寻址性	对多种类似组件的信息进行标记和响应
	可追溯性	对被感知和记忆的数据进行复原和追溯
	可记忆性	记忆数字产品被使用的时间、地点、使用者的身份、交互的结果
连接类	可沟通性	不同的产品之间或产品与使用者之间的可交流性、可感知性
	可联想性	定义用户、产品、时间和地点等相关信息的关联性
	可感知性	具备感知情境的能力，根据不同场景变化实现特定功能
扩展应用类	可生成性	通过连接与重组产生新产品、新服务的特征
	可供性	产生新能力、新机会和新模式的潜力和可能

1.3.3 典型数字技术

（1）大数据（Big Data）

大数据的出现使得数据来源、数据处理方式和数据思维等发生了变革[40]。大数据发展至今已经拥有了一套成熟的体系，涵盖了从机器学习到数据的可视化等不同的技术层面，有着不同的技术架构。

大数据包括数据本身以及一系列用来收集、管理、挖掘、分析海量信息并解决问题的技术[41]，是一个体量特别大和数据类别极其丰富的数据集，传统数据库工具无法对其内容进行抓取、管理和处理[42]。关于其分析工具，Raghupathi W和Raghupathi V提出，大数据分析软件按分析流程可划分为不同的类型，例如查询与报告软件、联机分析处理软件、数据挖掘软件、可视化软件等[43]。

大数据的应用领域十分广泛，Hampton等[44]提出将大数据应用到生态科学领域等。秦萧等[45]提出将大数据应用于城市领域，构建城市智慧运行的数据中心体系，为城市的智慧发展提供依据，助力智慧城市规划与建设。近年来，大数据技术还常被应用到建筑学领域[46]、新媒体领域[47]、电商领域[48]、能源互联网领域[49]等。

（2）云计算（Cloud Computing）

随着企业迈向数字时代，传统技术已经不能满足人们对海量数据的处理需求。因此，云计算作为新一轮的信息技术革命的产物，越来越受到人们的关注。

中国信息协会云计算技术专业委员会副会长刘鹏教授对云计算的定义可以帮助我们更清晰地理解云计算的概念。根据刘鹏教授所下的定义，云计算是一种能够根据特定需求，以低成本实现资源配置的能力。云计算技术可以在很短的时间内完成对数以万计的数据的处理，以获得强大的网络服务[50]。此外，云计算技术的架构包括云管理软件、硬件支撑、网络连接、软件/平台服务等[51]。目前，云计算已成为现代信息技术基础设施的重要组成部分，促进数字时代的创新和发展。

（3）物联网（Internet of Things）

2022年11月，中国经济信息社发布的《2021—2022中国物联网发展年度报告》指出，2021年全国物联网市场规模约为2.63万亿元。物联网作为一种新兴的产业，其应用取得了显著成果。在高新技术产业快速发展的时代，无数的设备接入互联网，实现物物相连。数据的收集和共享成为物联网的核心。物联网作为实现物体间智能连接的关键工具，推动社会从"信息化"向"智能化"转变，对社会发展更加智能高效起到了重要的促进作用[52]。目前物联网已经深入人们生活的方方面面，例如，自动驾驶技术、智能制造、智能农业、物流运输和航空等领域。在军事领域，物联网技术的嵌入有效推动了军事智能化、信息化、精准化[53]。

（4）移动互联网（Mobile Internet）

移动互联网已经成为人们生活不可分割的一部分，也是我国经济增长的重要支柱。用户可以在移动状态下通过网络以及无线终端使用网络服务、获取信息。目前，移动互联网正逐渐渗透人们生活、工作的各个领域，改变信息时代的社会生活。移动互联网的覆盖范围广，这使得用户即使身处大洋和沙漠等偏远地带，仍可随时随地保持与世界的联系[54]。

（5）人工智能（Artificial Intelligence）

人工智能是指通过计算机程序实现智能行为的过程，包括数据推理、判断和决策。早在1950年，人们就开始思考机器的思维问题，Alan Turing[55]于1950年在发表的文章中提出了"机器能思考吗？"的问题，人们开始了对人工智能的思考。1996年，McCarthy[56]定义人工智能是制造智能机器，是智能计算机程序的科学和工程。

目前，人工智能技术存在大量的现实应用，如表1.7所示。

表1.7 人工智能技术的现实应用

现实应用	具体内容
推荐引擎	人工智能算法使用过去的消费行为数据，帮助发现可用于制定更有效的交叉销售策略的数据趋势
语音识别	使用自然语言处理技术将人类语音处理为书面格式，例如Siri以及小爱同学等语音助手的投入使用
客户服务	在线聊天机器人可以回答各种主题的常见问题，或为客户提供个性化建议，交叉销售产品，提供客户尺寸建议，正逐步取代客户互动中的人工客服

现实应用	具体内容
计算机视觉	人工智能技术使计算机系统能够从数字图像、视频和其他可视输入中获取有意义的信息，或者基于这些输入采取行动，被应用在社交媒体的照片标记以及汽车工业中的自动驾驶汽车等领域
语言生成模型	一款通过对话的方式进行交互的语言模型，能够根据指令快速响应

（6）数字孪生（Digital Twin）

2020年，国家发展和改革委员会与中央网络安全和信息化委员会办公室联合印发《关于推进"上云用数赋智"行动培育新经济发展实施方案》，文件中多次提及数字孪生，这表明数字孪生在国家发展战略中的地位逐渐提高。与云计算、人工智能、5G、物联网等前沿技术一样，数字孪生被视为关键的技术和战略领域。

数字孪生技术的概念从其诞生开始，就围绕着数字化、实时性、虚实融合、真实映射等关键词[57]。Michael Grieves教授在2002年提出"与物理产品等价的虚拟数字化表达"的概念[58]。2011年，他提出描述该概念模型的名词为数字孪生体[59]，其主要包含三个部分，即实体产品、虚拟产品以及物理空间与虚拟空间的数据和信息的交互口。

随着数字时代的发展，数字孪生技术作为重要的数字化手段，已经被深度运用到工业制造和智慧城市建设中。美国国防部最早提出将数字孪生技术运用于航空航天飞行器的健康维护与保障[60]。目前我国数字孪生技术主要运用在智能制造、智慧城市、智慧医疗等数字化领域。

（7）虚拟现实（Virtual Reality）

虚拟现实指的是依托各种先进的电子信息技术，以计算机设备为运行平台，创建先进的立体虚拟空间的过程[61]。虚拟现实与人工智能以及物联网等技术的综合应用，在现实中能够为用户提供更加广阔的使用空间，使用户获得更加直观的体验感，实现模拟体验的最佳化。目前，虚拟现实技术被应用于多个领域，例如军事、航空航天、教育、娱乐、医疗以及旅游等。

此外，虚拟现实技术包含很多分支，例如AR、VR、MR以及XR等，具体内容如表1.8所示。

表1.8　虚拟现实技术的分支

分支类型	说明
AR（增强现实）	通过设备识别和判断二维、三维、GPS、体感、面部等识别物，将虚拟信息叠加在以识别物为基准的某个位置，并将其显示在设备屏幕上，从而实现实时交互虚拟信息
VR（虚拟现实）	为用户提供完全沉浸式的体验，使用户享受置身于真实世界的感觉，是一种高级的、理想化的虚拟现实系统
MR（混合现实）	合并现实世界和虚拟世界产生新的可视化环境。在新的可视化环境里，物理和数字对象共存，并实时互动
XR（扩展现实）	AR、VR、MR等各种形式的虚拟现实技术的总称，涉及通过传感器输入的虚拟世界到完全的虚拟世界等不同层次

随着虚拟现实领域的研究不断深入，我们可以预见未来的虚拟现实产品不再区分为AR、MR、VR，而是一种融合性产品。

现阶段，虚拟现实技术的应用可以为用户提供各种"真实的"功能，达到交互效果，是减少用户工作量并提高整体系统效率的一种先进的接口应用。虚拟现实技术具有几个重要特性，如表1.9所示[61]。

表1.9　虚拟现实技术的特性

特性	具体释义
沉浸性	与用户的感知系统交互，让用户感受到自己真实地存在于虚拟空间中
交互性	用户对虚拟空间中的物体的可操作程度以及从虚拟空间中得到反馈的自然程度
多感知性	利用传感技术使得虚拟空间具备现实中的感知功能，比如听觉、触觉、嗅觉等
想象性	在虚拟空间中与周围的物体进行互动，创造现实中不存在的场景
真实性	虚拟空间中物体受力之后的变动轨迹与现实保持一致

1.4　数字经济与数字社会

第四次工业革命推动大数据、人工智能、区块链等新一代信息技术蓬勃发展和深度应用。新兴数字和智能技术的快速迭代，加快了社会数字化进程[62]。

1.4.1　数字经济

互联网技术的飞速发展，带来了新业态、新技术的涌现，数字经济已经成为公众关注的焦点[63]，现代社会进入了数字化经济时代[64]。当今世界正在经历百年未有之大变局，数字经济以信息技术和数据为重要组成部分，成为全球新一轮科技革命和产业变革的重要引擎，是世界经济社会发展变革的强大动力、国家经济发展的核心引擎[65]，正逐步成为顺应历史变革的大势所趋。数字经济有以下四个特征。

（1）数据成为关键生产要素

数字经济时代，数据是最重要的生产要素和战略资源[65]。数据在一定程度上取代了传统的生产要素，成为数字经济的主导资源。随着技术的不断进步，数据从信息记录和存储的核心演变为信息生产和应用的核心。海量数据的采集、处理和分析已经成为许多行业和领域发展的驱动力，例如商业、医疗、学术等。数字时代的人们倾向于基于数据来改善社会生产、销售、流通、消费、融资、投资等活动，可见数据已成为经济活动的关键生产要素。

（2）生产关系发生变革

技术是经济发展的主要驱动力[66]。数字经济作为网络经济，离不开数字技术的支持。而互联网是数字技术的重要载体，为数字经济提供了基础设施和发展平台，推动着现代经济活动向网络化、智能化的方向发展。数字技术的应用使得生产过程更加高效、智能，同时赋予生产更强的灵活性和个性化能力，进一步推动了生产关系的优化和多元化发展，推动着经济和产业的升级转型。

（3）生产力得到极大提升

数字技术的应用改变了社会互动方式，有效增强了企业的发展活力[67]。例如作为数字技术之一，人工智能让数据处理能力得到指数级增强。不同领域出现了数字仿真的应用。数字技术推动了知识模型、物理模型和数据模型的融合，跨界创新和智能服务的发展极大提升了社会生产力。

（4）平台的大量涌现

平台经济成为数字经济的一种重要的经济组织形式[68]，在数字技术的推动下迅速崛起。科技巨头如Google、Amazon、阿里巴巴和腾讯等借助数字技术成功搭建了平台。与传统的交易平台相比，数字时代的平台具有独特的优势，它不需要交易双方进行直接的接触，交易双方跨越地理距离就可以促进交易的完成，这降低了交易和搜索成本。同时，平台以极低的成本整合碎片化的资源，促进资源的流动共享，推动资源的价值共创。这种模式的出现改变了传统的商业生态，推动了共享经济的普及[69]。

与传统经济相比，数字经济是以现代信息网络，尤其是互联网等为重要载体的经济活动[70]。数字技术所引发的颠覆性创新使得生产要素、生产关系和生产力都发生了全面的变革，催生了新产业、新业态、新商业模式，有效提升了生产效率，并推动了信息技术革命的产业化和市场化转变[71]。

1.4.2　数字社会

数字化、网络化、大数据、人工智能等现代信息科技的快速发展和广泛应用，数字化设施的建设和智能化应用设备的普及，掀起了一阵又一阵的数字化浪潮，孕育了"数字社会"这一特定的技术与社会建构的社会文化形态[72]。根据Gartner的定义，数字社会是持续参与数字互动的人、组织和事物的集合。数字社会不是虚构出来的，是不同主体进行数字互动的产物。

（1）数字社会的典型特征

继农业社会、工业社会之后，数字社会在政治、经济、文化等方面呈现出数字化、网络化、智能化等社会形态特征。在以5G、互联网、大数据、云计算、人工智能等为代表的新一代信息技术的赋能作用下，社会的生产方式、生活方式、组织形式、治理方式，企业的商业模式和信息的传播方式发生深刻变革[73]，形成了物理现实社会与数字虚拟社会高度融合的社会形态，即数字社会。数字社会具有以下典型特征[72]。

① 信息数据共享。数字社会的核心要素是数据。数据在形式上是虚拟的，在功能上却是真实的。数据在使用过程中不断生成、流转、共享，使用数据的人越多，数据的价值就越高。信息的流通和共享，是数字社会的典型优势。

② 实现跨域连接。数字化和网络化的便利使人、计算机、智能设备以及信息资源数据库之间的跨域连接问题得到解决。现在人们可以随时随地登录网络设备来实现跨域互动，融入网络生活。

③ 构建虚拟空间。与传统的社会形态不同，数字社会没有现实社会的高楼大厦或者指引标志。虚拟空间充满流动的信息，各主体都在争夺自己的"地盘"。人们在虚拟空间中可以延展个人的活动空间，进行自由的表达和交流。在虚拟空间中，人们的行为很大程度上取决于其自主性。

（2）数字社会存在的问题

建设一个简约、安全、美好的数字社会，能为企业、政府和人民带来的好处显而易见。但是，数字社会的建设并不是一帆风顺的。只有清楚且正确地认识到数字社会中存在的问题，才能防止逆数字化现象，巩固数字化的量的同时提升数字化的质。数字社会存在的问题如下。

① 数据孤岛的形成。当前有两种数据孤岛形态，即物理性数据孤岛和逻辑性数据孤岛[74]：物理性数据孤岛表现为不同主体、空间、部门之间的壁垒，各主体单独存储、使用和维护所持有的数据；逻辑性数据孤岛指各主体、空间、部门、学科等以自身视角界定数据的概念，形成不同主体之间的数据"壁垒"。在数字社会，每个组织、公民都是参与者与建设者，对于数据拥有

一定的持有权和掌控权。但是数据孤岛的出现导致数据收集、共享、流通和价值释放的难度提升。

② 监管难题的出现。数字经济与实体经济深度融合，不断创新数字产品和服务，在生产生活领域产生了积极深刻的影响。但是由于新业态、新模式具有虚拟性、跨区域性和即时性等特点，以及平台巨头具有垄断性[75]，行为主体在数字社会这个虚拟空间的活动主要是依靠其自主性，这对原有的监管制度和体系提出更高的要求。数字社会的监管体系、监管手段、监管理念等面临着严峻挑战。

③ 数字鸿沟的产生。移动互联网、人工智能和云计算等数字技术的普及，智慧应用的持续深化，可能导致部分人无法公平地分享先进技术的成果，由数字鸿沟引发的价值鸿沟日渐突出[76]。由于新一代信息技术和数据资源的获取门槛较高，其集中在资金和技术基础深厚的少数群体或机构。传统经济组织受技术、人才、资金等多种因素制约，难以获取相应资源，从而遇到发展障碍。数字鸿沟的典型例子就是城乡数字鸿沟，信息技术的快速迭代导致城乡之间技术更新不同步，数字鸿沟再一次被加宽[77]。2021年11月，《提升全民数字素养与技能行动纲要》颁布，提出提升高品质数字生活水平、提升高效率数字工作能力、构建终身数字学习体系等提升全民数字素养的具体路径，强调从关键点切入，使数字鸿沟加速弥合。

第2章 数字化转型与平台的理论前沿

2022年10月28日，国际知名咨询企业Accenture发布的研究报告显示，中国企业的数字化进程近年来稳步推进，转型成效显著的中国企业比例从2018年的7%攀升到了2022年的17%[78]。随着数字经济的发展，数字化转型以及相关领域的探索热度不减，但是数字化转型失败率居高不下，波士顿咨询集团（BCG）的数据表明转型失败率达到66%[79]，麦肯锡的报告提到转型失败率为70%[80]。此外，平台以其强大的技术和开放的生态系统，成为企业数字化转型的重要路径。本章将探讨数字化转型与平台的相关知识，同时剖析平台垄断的成因及危害，为企业在数字化时代把握机遇、迎接挑战提供参考。

2.1 数字化转型概述

2.1.1 数字化转型概念

学者们从不同视角对数字化转型的概念进行了阐述，现有研究对数字化转型的定义略有差异，李载驰等[71]2021年在综述数字化转型的文献中指出，现有的研究主要从主体、技术范畴、转型领域和转型效果四个方面进行探讨，不同见解的排列组合使得数字化转型的概念呈现出多样化的特征，如表2.1所示。

从以上对数字化转型概念的梳理可以看出，不同的学者提出的概念有一致性以及差异性。大部分的学者认为数字化转型至少会使得组织在业务方面有所改进[71]。Vial[82]认为数字化转型是旨在通过信息、计算、通信和连接技术的组合引发实体属性的重大变化来改善实体的过程，这涵盖了目前学界对数字化转型的概念认知。我们认为其提出的概念较为全面。同时，以数字化转型的对象为分类标准，数字化转型可以划分为产品、服务、流程、商业模式以及组织的数字化转型[89]。要实现数字化转型，企业需要发动员工在各个环节采用数字技术（如云计算、物联网、数字孪生、移动互联网等），由此改变价值创造的运营方式，以满足客户日益增长的需求。

表2.1　数字化转型典型概念

视角分类		概念
主体	以企业为主体	数字化转型是一种战略蓝图，支撑企业管理因为集成数字技术而发生的转型以及转型之后的运营[81]
	以国家、市场为主体	数字化转型是指通过信息、计算、通信和连接技术的组合使用而引发实体属性的重大变化，并以此改善实体的过程[82]
技术范畴	以信息化技术为主要范畴	数字化转型凸显信息技术对组织结构、文化、信息流的适应能力[83]
	以新一代数字技术为主要范畴	数字化转型涉及利用数字技术实现重大业务改进，例如优化客户体验或创造新的商业模式[84]
转型领域	企业的业务领域	数字化转型指使用新的数字技术以实现重大业务改进的过程[85]
	整个组织	数字化转型是指在信息技术和信息科学驱动下发生的组织变革[86]
转型效果	微观视角（企业业务模式重构、绩效提高）	数字化转型关注数字技术为企业的商业模式带来的产品创新、组织结构变革或者流程自动化[87]
	宏观视角（涉及社会生活质量、产业发展）	数字化转型实现成本降低的同时提高质量，尽管这是重大的挑战[88]

2.1.2　数字化转型知识图谱

Vial在辨析多篇文献、梳理数字化转型概念的基础上，提出了关于数字化转型的概念框架（见图2.1），在业界得到广泛认可。Science Direct显示，该篇文章从2019年6月发表至2022年10月，已有880位学者引用。Vial综合文献将数字化转型概念框架建立在八个维度的分析和关系上。其中，数字技术的使用尤为关键，是该概念框架的核心。

Vial将数字化转型描述为一个过程，在这个过程中，数字技术的使用在社会和企业的颠覆性破坏中发挥了核心作用。数字化冲击对企业的结构、文化等造成了"颠覆性的破坏"，从而引起了企业的战略回应。另外，数字技术的使用使得企业改变了以往赖以保持竞争力的价值创造路径。为此，企业通过实施结构性变革，突破阻碍其转型的障碍，这进一步对价值创造路径产生影响。这些变革可能对企业产生积极的影响，但是也可能造成并不理想的结果。总之，数字化冲击下各方主体面临的机遇和威胁共存。

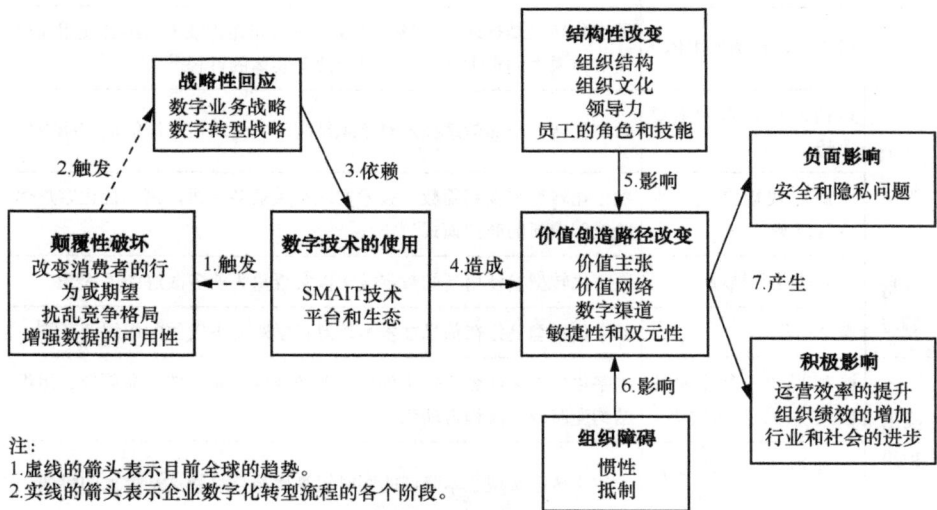

注：
1. 虚线的箭头表示目前全球的趋势。
2. 实线的箭头表示企业数字化转型流程的各个阶段。

图2.1　Vial的数字化转型概念框架①

Vial所提出的概念框架清晰地展示了数字化转型的进程，并提出其中可能存在的挑战和造成的隐患，为企业开展数字化转型提供了理论指导和实践

---

① 资料来源：Vial, Gregory. "Understanding digital transformation: A review and a research agenda." *J. Strateg. Inf. Syst,* 28 (2019): 118-144.

启示。

2.1.3　数字化转型与数字化创新的联系和区别

数字技术的蓬勃发展以及它在各领域的全面渗透，很大程度上改变了创新的内在本质，为创新行为、创新资源整合、创新过程、商业模式等带来了诸多的影响和挑战[90]。数字化转型和数字化创新是两个相关但不同的概念，在实践中相互关联并相互促进。数字化进程不仅局限于数字化转型，一部分人会混淆业务流程、商业模式等的数字化和利用数字化进行业务流程和商业模式的创新这两个举措，对于如何推进数字化进程存疑。综合现有的文献研究，数字化转型与数字化创新的联系和区别如下。

（1）联系

从实践基础来看。数字化转型和数字化创新首先得实现数字化。数字化转型和数字化创新都需要数字技术等数字资源的有力支撑。进入数字时代，数据成为重要的生产要素和战略资源。在将物理行为转变为数据等数字化信息的过程中，数字技术扮演着重要的角色。数字技术驱动着大数据和人工智能领域的发展，企业也得益于技术的融合，使得业务的开展方式得到完善，从而提升了效率。

从实践目的来看。企业一直以来都在追求的事情就是降本增效，实现利润的最大化。为了紧跟数字时代的步伐，企业充分利用数字技术的优势，进行数字化转型和数字化创新，推出新产品以及新服务，扩大客户群体。由于数据的零边际成本的性质，企业获得数据的成本很低，这使企业进一步降低了运营成本，有利于实现利润的最大化。

从实践过程来看。首先是人员方面，数字化转型和数字化创新过程都需要提升员工的数字化素养，从而更好地向数字时代迈进。同时，也需要向外增强技能，例如通过咨询企业或者外部招聘，增强数字领域所需要的技能。其次是流程方面，无论数字化转型还是数字化创新，均能推动企业通过数字技术的引进真正实现决策和审批的自动化，从而变得更加智能。

从实践结果来看。数字技术的颠覆性改变了组织赖以保持竞争力的价值创造路径，从而使组织产生新的产品、新的服务甚至新的商业模式。数字化转型和数字化创新作为数字时代典型的实践模式，助力企业将传统的运营模式转变为数字化运营，极大地提升了经营效率，同时也满足了不同消费者日益增长的需求。

总之，数字化转型提供了一个推动数字化创新的环境和技术基础，而数字化创新则为数字化转型提供了实践和创新的动力。数字化转型为企业提供了数字化平台和基础设施，以支持创新活动的开展和新技术的引入。同时，数字化创新带来的新技术及其应用也可以推动数字化转型的进程，促使企业增强敏捷性、创新性和竞争力。数字化转型是一个全面的组织变革过程，而数字化创新是在数字化转型的背景下推动创新和变革的活动。通过将数字化转型和数字化创新结合，企业可以更好地适应数字时代的变化，并在竞争中获得优势。

（2）区别

从实践对象来看。数字化转型的对象主要是面临初始数字化竞争的传统企业，数字化转型通过运用数字化手段来改造运营，建立商业生态。变革的内容主要是企业原有的核心业务，这是一种改进型的过程。而数字化创新主要针对一些数字化程度比较高的企业，使之在与核心业务或者既有的运营模式相关度较低的领域，通过创新找到全新的商业模式和运营模式，它是一种从0到1的实践。在传统的体制和运营模式下，企业很难实施创新性的商业模式。

从实践过程来看。首先，在人员方面，数字化转型的推进组织一般是由传统的信息化管理部门升级而来的，包括企业的业务部门和职能部门。而数字化创新一般需要设立专门的创新组织，其可以包括企业内的创新人员，或者社会上的一些创新服务机构，例如咨询企业。其次，在面临的挑战方面，数字化转型面临的挑战主要是企业结构和文化的变革以及企业内部的抵制等。但是数字化创新面临的挑战主要是创新方案的可行性等。

从实践结果来看。 根据数字化转型和数字化创新的概念，虽然数字化转型和数字化创新都会产生新的产品、新的服务、新的流程和新的商业模式，但是相对于数字化创新，数字化转型并不会改变企业的核心业务，而是使得产品以及业务流程数字化、智能化。而数字化创新是指创造出另外一个与核心业务不同的全新的分支。

总之，数字化转型强调的是对整个企业进行全面的变革和重构，涉及企业战略、企业结构、企业业务流程等方面的改变，旨在提升整体的效率、创新能力和竞争力。而数字化创新更加专注于技术和创新应用层面，注重通过引入新的数字技术和应用，创新开发产品和服务，以推动企业获得竞争优势和提高市场地位。

2.2　数字化转型的安全与伦理风险

尽管数字技术的发展为企业带来了许多机遇，但数字化转型的过程中也存在一些隐患和挑战，如监管难题、数字孤岛和信息安全挑战等问题。

2.2.1　信息安全挑战与数据泄露

数字化转型过程中，企业可能会收集、处理和存储大量的敏感信息，如用户数据、商业机密和财务数据等。如果这些数据未经妥善保护，可能会面临泄露的风险，导致企业声誉受损或承担法律责任、经济损失等。

（1）信息安全挑战

① 个人数据隐私安全挑战

数字化转型带来了大量的数据收集和分析机会，企业可以利用大数据来获得商业洞察能力并优化运营。然而，处理和使用大量数据涉及用户隐私和个人敏感信息的保护问题，这些问题需要企业特别关注。例如，平台的网络信息系统可能受到黑客攻击，导致数据泄露，这可能会对用户权益造成重大损害。另外，部分平台由于信息安全意识不强，在信息收集、传输及向第三方提供数据等环节并未建立完善的信息安全管理制度和采取必要的安全技术措施。

② 企业内部的信息安全挑战

数字化转型为企业带来了巨大的机遇，但同时也带来了一系列的挑战和风险。在信息系统和数据处理过程中，企业面临着各种潜在的风险。这些风险可能导致商业机密泄露、数据丢失、业务中断以及声誉受损等严重后果。

首先，数字化转型改变了传统的办公方式，涉及大量的信息处理过程。在这个过程中，员工可能会存在不当行为，如使用弱密码、点击恶意链接、未经授权访问敏感信息等，从而给企业的信息安全带来风险。因此，增强员工的安全意识对于保障信息安全至关重要。

其次，数字化转型通常涉及与供应商和第三方等合作伙伴进行数据交换和合作。如果合作伙伴的信息安全措施不足或不可靠，企业的信息和数据安全可能受到威胁。因此，企业需要审查和评估合作伙伴的安全性，建立安全的合作框架，确保合作伙伴的信息处理过程符合信息安全标准。

最后，恶意软件的植入也会使得企业陷入信息安全危机，例如电子邮件附件、恶意链接、可疑下载等，诱使员工执行恶意代码或泄露敏感信息。某些恶意软件旨在破坏企业的信息系统，可能导致系统崩溃、服务中断或数据损坏。这将严重影响企业的运营和业务连续性，不仅使企业面临经济损失，还可能对其声誉和客户信任产生负面影响。

近年来，数字安全治理已经成为国家高度重视的领域。《网络安全法》《民法典》《数据安全法》《个人信息保护法》等信息安全保护相关法律的颁布和落地，为数据安全保障提供了制度和法律支持，具体的内容如表2.2所示。

在数字经济时代，个人、产业等信息的数据化进程瞬息万变，这给个人信息、企业信息和公共信息等带来了全新的法律风险。这些法律风险涉及个人信息隐私保护、数据安全、网络安全、知识和数据产权、数字营销广告、跨境数据传输等方面。在面对这些风险时，企业和个人需要密切关注法律法规的变化，并采取相应的措施来应对和减轻风险。已有研究显示，信息保护的"不信任"困境将会增加数字经济建设的各类成本[91]，因而保障信息安全是企业融入数字经济时代的必经之路。

表2.2　信息安全保护相关法律

公布时间	名称	内容
2016年	《网络安全法》	从网络安全监管角度，侧重于规范网络运营者、网络产品和网络服务提供者的保护责任；涉及"个人信息保护""数据内容安全""平台、设施安全"等角度，对数据和个人信息合规方面予以规制
2020年	《民法典》	明确个人信息、隐私的概念，界定主体权利，个人信息处理范围、要求以及原则等
2021年	《数据安全法》	确立数据安全管理的各项基本制度，明确数据安全保护的义务和责任，强调坚持安全和发展并重
2021年	《个人信息保护法》	明确个人信息处理规则、个人在信息处理过程中的权利和义务，以及履行个人信息保护职责的部门

（2）信息泄露的原因

① 个人信息安全意识不强

数字经济时代，数字技术将个人信息数据化，以电子数据的形式存储和利用个人数据，数据几乎与数字时代成为一体[92]。由于个人用户的信息安全意识不强以及社交网络、自媒体平台的高速发展，社会中出现了大量主动和被动的隐私让渡现象。其中，隐私让渡是指个人隐私卷入公共利益的因素，而依法必要让渡的情形，即如果公共利益的重要性相对高于隐私权的重要性，那么隐私权就要为公共利益让步[93]。但是随着数字技术和平台的发展，社会中出现了个体自主选择和主动的隐私让渡。

在数字时代，公共领域和私人领域深度交互，公私领域的边界日渐模糊。一些个人用户在网络空间如社交媒体上主动披露个人的日常生活以及行踪轨迹等，这种行为表明其对于信息安全和隐私泄露的意识不强，往往没有对数据的价值和潜在风险进行仔细权衡。特别是在短视频平台，由于自媒体的流量变现快速，部分用户可能通过发布短视频公开个人信息、活动赚取流量以及推广产品，以谋取利益。

Susan Barnes[94]通过对学生用户使用Facebook的情况进行调查，发现学生用户在使用Facebook时对隐私表现出高度关切的态度，但是其行为却似乎毫不在意隐私保护，这种矛盾行为被她称为"隐私悖论"。之所以出现这种情况，主要是由于人们在分享数据时并没有进行仔细的权衡，很多时候只在乎一时的体验或者优惠就拱手提交各种数据。**从个人角度来看，信息安全意识不强可能导致以下情况。**

对隐私保护缺乏关注。 社交媒体的使用会带来流量，通过流量变现是个人分享数据的出发点之一。另外，优惠或折扣、现金、个性化服务等，都是分享个人数据可能获得的收益。大多数情况下，人们低估了个人数据的价值，以至于对于分享数据的收益预期很低，当遇到优惠或者折扣，没有仔细权衡就将数据拱手送给数据收集者。

忽视保护数据的成本。 面对无所不在的数据收集者，个人要保护其数据其实有较高的成本。面对不同的数据收集方式，需要采取不同的应对策略。应对在线数据收集主要有以下现实成本。一是放弃使用或者减少使用服务。如果不愿意被App收集数据，可以卸载App，但是这可能会给生活带来不便。例如，如果不注册某些软件或者网站，我们就不能享受软件或者网站提供的服务以及带来的优惠、便利。除了放弃使用App，也可以减少使用，对于同类型的App只安装一个，尽量减少接触的数据收集者数量。二是购买专门的防护软件的成本。用户在PC端能购买甚至免费使用一些拦截广告的浏览器插件，或者直接在浏览器中关闭cookies。移动端也有很多用于保护隐私的App可供使用，但这需要花费一定成本。此外，保护个人数据还涉及机会成本。

忽视数据分享的风险。随着互联网的迅速发展，大规模的个人数据泄露的发生频率也不断提高。个人数据泄露可能给数据主体带来各种各样的损失，例如经济损失、精神损失，甚至可能危及安全。数据主体保护与分享个人数据的权衡因人而异、因数据而异、因环境而异。拥有个人信息处理权力的个人在分享自己的数据时，应评估数据对个人的重要性。对于不同的数据片段，不同的数据主体隐私安全要求可能会有所不同。对于非常重要的数据，个人应该进行严密保护，减少因为某些分享数据的收益从而出让自己数据的行为。

② 企业的信息安全保护意识薄弱

数字时代，企业持续采集和开发利用用户在经济活动中产生的数据，这在一定程度上能够优化算法，有助于企业制定更加科学的决策和实现数据驱动的创新，从而提高用户福利和社会总体福祉[95]。作为数字经济的第一生产要素，数据对于个人、企业、政府都是一笔很大的财富，但也伴随着高昂的存储和维护成本。超强的数据搜集能力也加大了数据隐私安全监管的难度，并提升了隐私侵犯的概率。**从企业的角度来看，企业发生数据泄露的主要原因有以下几个。**

部分企业缺乏数据保护的责任感[93]。企业的最终目的是实现价值创造，但是在价值创造过程中，部分企业把组织利益置于公共利益之上，并没有注重保护用户的个人隐私，导致隐私泄露事件频发。数字技术的赋能使得信息拥有巨大价值，具备数据搜集、检索、存储能力的企业若将组织利益凌驾于个人权利之上，违规使用和处理个人数据将造成信息安全隐患[96]。

企业的安全防护措施有待加强。在部分大企业的发展过程中，其履行信息安全义务的能力与其具备的影响力和专业能力不太匹配。举例来说，2020年 3 月，工业和信息化部发布信息，新浪微博因用户查询接口被恶意调用而导致 App 数据泄露发生，相关负责人被约谈，工业和信息化部要求其进一步采取有效措施来消除信息安全隐患。

部分员工的信息安全意识不强。在某些情况下，企业并没有专门为员工提供关于信息安全的培训和教育，这可能导致员工在处理个人以及企业数据时犯下错误或采取不安全的做法，进一步导致数据泄露的发生。此外，部分员工可能对最新的安全威胁和攻击手段缺乏了解，无法识别和应对潜在的安全风险，缺乏必要的技能和意识，受到网络攻击的欺骗或误导，进而导致数据泄露的概率上升。

（3）保障信息安全的必要性

近年来，我国网民规模不断增长，互联网普及率增长速度较快。中国互联网络信息中心2023年发布的第五十二次《中国互联网络发展状况统计报告》显示，截至2023年6月，我国网民规模达10.79亿人，较2022年12月增长1109万人，互联网普及率达76.4%。移动网络安全成为网络安全的关键组成部分。

随着信息技术的飞速发展，社会上出现了与信息安全相关的各类侵权行为[91]。显然，个体的力量并不能与网络平台抗衡，个体的数据一旦被灰黑产业非法获取，个体往往很难完成侵权救济。

目前，个人信息与商业数据的流通转换尚未形成规范。一些数据巨头利用平台优势在特定行业独占个人数据，为了全盘获得个人数据带来的利益，通常设置高门槛，拒绝与中小企业或机构共享数据，形成排他性垄断[97]。尽管许多企业声称已经完善了信息安全保护措施，但是从近年来信息安全泄露事件发生的频率可以看出信息安全保护仍有很大的发展空间。数据巨头拥有庞大的数据库、复杂的动态数据处理过程以及对利润最大化的追求，其主要关注点可能更多集中在数据的收集和利用上，而不是确保数据的隐私与安全方面。这涉及个人隐私问题，引发了社会的广泛担忧。

（4）保障信息安全具体措施

① 构建个人数据的安全风险防范机制

数字时代，个人信息安全事件频繁发生，这已成为全社会共同关注、亟需解决的现实问题[98]。数据作为当下社会的一种生产要素，对人类生产产生的影响越来越大，在数字时代更是具有独特的价值。对于个人信息保护，《个人信息保护法》《民法典》《数据安全法》等相关法律已提供了基本的法律依据。

个人数据的安全风险防范需要个人和企业共同努力。一方面，个人应增强个人信息保护意识，采取措施保护个人隐私，如加强密码管理、限制信息分享等；另一方面，企业应建立健全个人数据保护机制，包括加强数据安全管理、提供透明的隐私政策和用户控制选项等。

② 构建平台监管层面的安全风险防范机制

习近平总书记 2021 年在中央财经委员会第九次会议上强调我国平台经济发展正处在关键时期，平台经济的规范健康持续发展需要引起重视。数字经济时代，平台数据种类日趋丰富，但信息权属界定模糊。平台数据从收集到流通等环节尚缺乏相应的标准和规范约束，建立完善的平台数据监管体系很有必要。针对平台信息安全风险，需要着手探索新型智慧监管方法[99]。同时，利用区块链等先进数字技术对程序开发人员和数据管理人员进行建档溯源，防止公民隐私信息、企业经营信息和政府安全信息被非法窃取和恶意泄露。

③ 稳步推进信息安全产业生态建设

保障信息安全需要形成全社会的合力。在宏观层面，我国正在积极推进信息安全产业生态建设。一方面，在政务、金融、交通、医疗等领域推广企业信息安全产品和解决方案的应用，以提升信息安全防护水平；另一方面，加快建设信息安全人才队伍，通过设立相关学科与研究院、培训考核等方式，培养和引进更多的信息安全专业人才。

2.2.2　伦理问题

数字技术的使用不可避免地会带来新的伦理问题。现如今大部分人已融入智能生活中，比如可穿戴运动设备等终端设备、移动支付的广泛使用。但是，在数字技术高速发展的过程中，一系列的伦理问题渐渐凸显。为了保障数字经济的健康规范发展，数字化转型背后的伦理问题需要引起重视。数字时代主要的伦理问题主要涉及数字鸿沟的出现、数字身份的普及以及人工智能的使用。

（1）数字鸿沟的出现

数字鸿沟是指代际以及地域、社会群体之间在数字赋能和数字素养方面存在差异，导致新老两代群体以及城乡居民等群体之间在数字化应用能力和数字生活适应能力上存在极端差别的现象[99]。这一现象在数字时代愈发明显。由于数字技术快速发展，对于那些能够熟练使用数字技术的人来说，生活将变得更加便捷与高效。然而，对于一些不熟悉数字技术或者无法享受数字化服务的人来说，他们可能因此成为"数字遗民"[93]，被排除在数字时代之外。

传统的伦理结构以人为主体，强调人的主体性和客观存在性。但是在数字时代，人被分布于不同的"世界"，传统的伦理结构被破坏。尽管数字技术的发展让大部分人享受着数字红利，但是"数字遗民"在资源的使用和福利的享受方面陷入了不平等的局面[76]。这些人可能由于不熟悉数字技术而无法享受数字化带来的便利，这种不平等的局面引发了社会的关注。

为了解决"数字遗民"这一社会问题，政府和企业都采取了一些措施。例如，国务院办公厅在2020年印发《关于切实解决老年人运用智能技术困难的实施方案》，强调坚持传统服务和智能创新相结合。在各类日常生活场景中，必须保留老年人熟悉的传统服务方式，充分保障在运用智能技术方面遇到困难的老年人的基本需求；提供更多智能化适老产品和服务，促进智能技术有效推广应用，以解决老年人面临的"数字鸿沟"问题。工业和信息化部印发《互联网应用适老化及无障碍改造专项行动方案》，提出推进互联网网站和移动互联网应用适老化及无障碍改造，提升互联网应用适老化水平及无障碍普及率。另外，企业也在注重老年人的智能化需求方面取得了一定的成绩。企业对一些设备和软件的使用模式进行有针对性的开发，如简化操作、增大音量和字号等，使老年人更方便地使用数字技术产品，跨越"数字鸿沟"。

（2）数字身份的普及

数字技术的应用使得个人拥有独特的数字身份，推动了社会的发展。与传统的身份不同，数字身份具有多元性、可伪性、跨域性、流动性和可变性等数字特性[100]。但是数字身份的使用仍存在着很多的安全缺陷[101]。

大数据等数字技术的发展使得个人更易被盗用信息和跟踪，个人使用各类软件的过程中，其身份、背景、活动轨迹等数据被实时记录，例如姓名、地址、电话号码、医疗记录、工作经历等。利用窃取得来的信息伪装成官方机构对个人实施诈骗的事件屡见不鲜，这在一定程度上会影响人们对数字技术的信任。虽然目前大多数的软件收集用户信息都会对用户进行使用前咨询，但是用户如果不同意，就不能使用软件。因此，用户为了使用软件，通常情况下并未仔细了解企业的隐私保护条款就选择分享个人的数据。因此，安全问题成为数字身份普及中需要重点关注的方面。

此外，数字身份与传统身份的认同标准及方式也有所不同。个体对身份的认同起始于身份的确认，传统的身份包含了年龄、性别、姓名、住址等认证标准[102]。而在网络空间中，人们往往采用数字身份进行认证，并通过社交媒体等途径展示自己的数字身份[100]。然而，部分数字身份的性别和名字等隐私信息可以不使用真实的信息，个人在网络生活中的发言或者其他行为会更加"大胆"。数字身份的自由多元和传统身份的严肃保守，使得个体可以在虚拟和现实两个世界中保留着独立的人格特征，这可能导致个体在虚拟世界中表现出不同于现实世界中的行为和个性特征。此外，数据化的数字身份与现实脱节，这可能会影响人们对信息的筛选，使人们难以做出正确的判断和决策。

解决数字身份普及过程中的安全和认同问题需要综合不同主体的努力。在数字技术发展的同时，政府和企业不仅应加强对数字身份安全的保护，防止信息泄露和滥用，同时需要引导个体在虚拟世界和现实世界中建立对身份认同的正确认识，避免产生传统身份与数字身份分裂等问题。政府、企业和个人共同努力，才能更好地推进数字身份的普及和应用。

（3）人工智能的使用

2015年，美国《自然》杂志刊登了全球15位人文与社会专家共同撰写的《承认人工智能的阴暗面》一文，引起了人们对人工智能伦理和社会影响的关注。2017年，在Beneficial AI会议上，近千名人工智能领域的专家联合签署了《阿西洛马人工智能23条原则》，旨在引导人工智能技术的发展和应用，强调伦理和社会责任的重要性。在各行各业部署人工智能技术以及利用人工智能进行数据分析和自动决策时，人工智能的伦理道德问题受到高度关注。其中，人工智能算法歧视是需要引起重视的问题。算法的设计和数据样本的偏见，可能导致算法在推荐内容、广告投放、风险评估等方面产生歧视，从而增强社会偏见。

另外，人工智能的价值判断也牵涉人类伦理规范。人工智能通过学习和吸收人类的知识和信息来塑造自身，然而如何保证这些知识和信息的质量，以及将符合人类价值观的行为编码到人工智能系统中，是塑造优秀的人工智能系统亟待解决的问题。人工智能系统是研发人员主观设计的产物，人工智能的伦理道德问题最终要回归到人工智能设计和研发过程中的伦理审查问题上[103]。面临两难的抉择时，人工智能的决策也有可能会引发众多分歧和争议。如自动驾驶汽车在遭遇突发危险状况时做出的"牺牲谁、拯救谁"的这一决策，往往会引发关于后续责任的确定和分配的分歧。

针对数字化转型所带来的伦理道德问题，我国也进行了一系列的研究和探索。自2017年以来，国家相继颁布了一系列文件，旨在加强对数据安全、伦理规范等问题的监管，以促进和规范产业发展，具体如表2.3所示。

总体而言，人工智能的伦理道德问题是一个全球性的挑战，国家在进行技术应用的同时，需要在政策和法律层面寻求合理的解决方案，以确保人工智能的发展对社会和人类产生积极的影响。

表2.3　数据安全、伦理规范等相关文件

颁布时间	文件名称	具体规范/解读
2017年7月	《新一代人工智能发展规划》	围绕增加人工智能创新的源头供给，从前沿基础理论、关键共性技术、基础平台、人才队伍等方面强化部署，促进开源共享，系统提升持续创新能力
2019年6月	《新一代人工智能治理原则——发展负责任的人工智能》	提出人工智能治理的框架和行动指南，旨在确保人工智能安全可靠可控，推动经济、社会及生态可持续发展，共建人类命运共同体
2021年9月	《新一代人工智能伦理规范》	旨在将伦理道德融入人工智能全生命周期，为从事人工智能相关活动的自然人、法人和其他相关机构等提供伦理指引，增强全社会的人工智能伦理意识与行为自觉，积极引导负责任的人工智能研发与应用活动，促进人工智能健康发展
2022年9月	《深圳经济特区人工智能产业促进条例》	提出加强人工智能伦理安全规范和社会价值观引导，开展人工智能知识宣传、教育、培训、科普；提出设立市人工智能伦理委员会

2.3　平台概述

　　数字经济的特征之一是平台的大量涌现，这些平台在数字市场中充当在线中介，并提供基础设施。平台往往是双边/多边市场，连接不同侧的用户，记录和提取用户在线互动时的数据[104,105]。数字经济与实体经济的融合发展使得平台模式逐渐成为我国传统企业数字化转型的重要商业模式[106]。如何搭建或融入平台是所有企业共同面对的问题和挑战[2]。

　　平台作为供给和需求之间的中介，为世界各地的产品和服务流通提供通道，降低交易成本，促进资源分配，并为众多新服务提供支撑[107,108]。在许多情况下，平台通过重新设置进入壁垒、改变价值创造路径和价值获取的逻辑、重新设定经济体系中的权力分配，破坏了现有的经济活动组织[109-111]。平台已成为新兴信息经济的核心组织形式，几乎影响了人类活动的每个领域[112-114]。

2.3.1 平台的定义

近年来，以数字技术为载体的平台经济得到快速发展，逐渐成为经济发展的重要推动力。平台经济是一种数字化、虚拟化、网络化的新兴经济形态[115]，在稳定经济增长、促进产业结构升级方面扮演了重要的角色，推动了中国经济的发展。平台的出现对工作方式、就业结构和价值创造路径产生巨大冲击[116]，作为基于互联网力量的工具和框架，平台将引领经济和社会生活的变革[117]。

根据联合国国际贸易法委员会的定义，平台是指在经济活动中通过数字服务促进两方或者多方具备不同要素但相互依赖的用户群体进行互动交流的信息技术服务企业，并最终为其中至少一个群体创造价值[115]。平台在经济中起到连接不同用户群体的桥梁作用[118]，通过数字服务实现供方与需方的互动交流，并创造价值。

平台的提供者、产品或服务供方与需方三个主体构成平台生态[119,120]。在平台生态中，平台创造价值的基本方式主要有两种：一是促进供需双方交易，即连接供方和需方[121]，使得交易更加便捷高效；二是提供技术构件促进产品或服务的创新[122,123]，推动产品或服务的不断创新升级。此外，平台不仅能为供方和需方，也即平台的参与者提供价值，同时各主体通过互补性行为也能为平台的其他参与方提供价值，从而实现平台生态的价值共创[124]。这种共创的模式使得平台生态更加健康和可持续。

2.3.2 平台的分类

根据不同的标准，平台被分为不同的类别[116,125]，用于分析其可持续价值创造潜力和可持续的商业模式[126]。国家市场监督管理总局在2021年10月发布了《互联网平台分类分级指南（征求意见稿）》，从监管的角度出发，综合考虑平台的连接属性和主要功能，将平台分为六类，包括网络销售类平台、生活服务类平台、社交娱乐类平台、信息资讯类平台、金融服务类平台以及计算应用类平台。从监管的角度确定的平台分类可以帮助监管机构更好管理市场，但存在限制平台在业务模式、市场策略以及技术创新方面的灵活性的可能，可能对平台提供者以及平台供需双方发展造成不利影响。因此，本书考虑平台的发展与规制，从"平台价值创造"角度出发对平台进行分类，以便更好地分析平台的特性与发展状况。

根据平台的价值创造模式的不同，即是"生产价值"还是"消费价值"[127,128]，平台可以分为生产型平台和消费型平台。上海市人民政府在《关于促进本市生产性互联网服务平台高质量发展的若干意见》中将生产型互联网服务平台定义为"企业之间以互联网为主要载体，将数据视为关键生产要素，以新一代信息技术为核心驱动力，以网络信息基础设施为重要支撑，为商品生产、流通提供配套服务的新型经济形态"。在这一范畴下，存在一些典型的生产型平台，例如工业互联网平台、能源管理平台、物流和供应链平台等。

消费型平台则是为了满足消费者的需求而建立的，与消费者之间的互动和交易息息相关。消费型平台通过连接消费者与服务提供者或者商品销售者，为消费者提供各种商品和服务[129]。表2.4列举了部分典型的生产型平台和消费型平台，展示了其特点和功能，以便读者对上述两种类型的平台有更清晰的认识。

表2.4　部分典型的生产型平台和消费型平台

平台类别	具体平台	特点和功能
生产型平台	工业互联网平台	面向制造业，通过连接各种生产设备、机器、传感器等，实现数据的收集、分析和应用，从而优化生产流程、提高生产效率、降低成本等
	能源管理平台	监测、控制和优化能源系统，有助于企业实现能源管理和效率提升
	物流和供应链平台	连接供应链中的各个环节，提高物流的效率和透明度，从而优化商品的流通过程，促进供应链的协同
消费型平台	电子商务平台	连接用户与商品，提供在线购物服务的平台，用户可以在平台上浏览商品、比较价格、下单购买商品，并进行支付和配送等交易活动
	停车平台	提供停车位信息查询、预订、管理等服务，满足用户在寻找和使用停车位方面的需求

续表

平台类别	具体平台	特点和功能
消费型平台	互联网医疗平台	提供医疗相关信息查询、服务、资源以及与医疗保健有关的内容，例如医疗知识、医疗新闻、医疗诊断工具和预约医生、在线诊疗等服务
	社交媒体平台	为用户提供交流、分享信息与互动的平台，用户可以在平台上发布内容，并浏览其他用户发布的内容
	生活娱乐平台	连接用户与各种娱乐内容、服务与体验，提供多种生活娱乐方式，包括餐饮外卖平台、音乐平台以及游戏平台等
	内容资讯平台	提供各种信息、新闻、娱乐内容、知识等，以满足用户获得信息以及娱乐消遣的需求，用户可以在平台上浏览、搜索、分享、评论并与其他用户进行互动

不同类型的平台有不同的商业模式和战略重点，消费型平台侧重于吸引用户、提供优质的消费体验。而生产型平台注重数据的收集和分析，以优化生产过程，实现效率和质量的提升。根据平台类型的不同，企业转型的战略重心也不同。企业只有了解不同平台的发展模式，才能应对不同类型平台带来的挑战和机遇，在数字经济时代取得良好的商业表现。

2.3.3　平台的特征

在《拥抱变化，智胜未来：数字平台破局企业数字化转型》[130]中，IDC与华为提出平台具有融合性、智能性以及可传承性三大特征。首先，平台具有融合性。平台具有融合不同要素和资源的特性，能够连接不同的用户群体、企业和服务供应商，形成多边或双边的交互关系。通过融合不同的参与方，平台实现了资源的优化配置和价值的共创，促进了数字经济的协同发展。其次，平台具有智能性。平台在搭建和运营过程中充分应用人工智能和其他数字技术，由此具有更鲜明的智能化、自动化和个性化特性。技术的应用使得平台能够更好地理解用户需求，提供更精准的服务，优化用户体验，从而增强自身的竞争力和吸引力。最后，平台具有可传承性。平台能够不断地适应市场变化和技术进步，保持长期的竞争优势。平台的可传承性使得它能够持续为用户提供价值，推动企业的数字化转型和发展。

作为一种典型的双边市场或多边市场，平台具有双边市场和多边市场的共性特征，同时互联网特性又为其增加了更多独有的特点[131]，如网络效应与规模效应[132]、锁定效应[133]以及跨群网络外部性[134,135]等。

（1）平台具有网络效应与规模效应

① 平台具有网络效应。网络效应又称网络外部性，是指随着平台上用户数量的增加，每个用户能够获得的价值也会提升，并且平台的价值和效益呈现出指数级增长的趋势[136]，这进一步增加了平台的吸引力。网络效应可以进一步分为直接网络效应与间接网络效应。

直接网络效应（Direct Network Effects）涉及用户之间的直接互动和连接，体现为一方的用户增加，对另一方用户的吸引力也会增加，平台的价值由此得到提升。以社交媒体行业为例，在社交平台上，用户越多，每个用户的社交圈和信息流就越丰富，用户之间的交流和互动也越频繁，其对其他用户的吸引力增大。

间接网络效应（Indirect Network Effects）涉及平台上不同群体之间的互动，其中每个群体的数量增长会影响其他群体的参与意愿和利益。不同群体或利益相关者相互依赖并相互促进。以游戏平台为例，游戏开发者和游戏玩家之间的互动可以产生间接网络效应。即当有更多的游戏开发者支持平台时，平台就会有更多的游戏可供选择，从而吸引更多的游戏玩家。这种效应在电子商务平台或者应用程序平台也能体现出来。

此外，网络效应也有正负之分，正的网络效应是较为常见的，而负的网络效应体现为在某些情况下，过多的用户存在可能会降低平台的价值。例如，用户过多可能导致平台出现性能下降的情况。

② 平台具有规模效应（Economies of Scale）。规模效应是指随着平台规模的增大，单位产品或服务的成本逐渐减少的过程。更多的供方以及需方加

入平台，平台趋向集中经营，相关生产要素的集中程度更高。同时用户数量增加，平台的运营成本可以被更大规模的用户群体分摊，这降低了单位产品或服务的成本。这使得平台能够以更具竞争力的价格提供产品和服务，并吸引更多参与者加入平台。也就是随着平台规模的扩大，成本边际效益逐渐减弱，最终形成规模经济。

网络效应与规模效应的存在为平台的发展提供了巨大的优势，使得平台在数字时代能够更好地吸引供方和需方，推动产业发展和企业的数字化转型进程。

（2）平台具有锁定效应

锁定效应和转移成本是紧密联系的。用户由于更换成本、软件学习成本和系统升级成本等，选择坚持使用当前平台的现象即锁定效应[131]。这是因为用户在使用某个平台的过程中，可能已经投入了一定的时间和精力，习惯了该平台的操作方式和功能，所以不愿意轻易转移到其他平台。尽管用户具有多归属性，即用户可以根据平台的差异选择使用不同的平台，平台的良性竞争可以降低用户的依赖程度。但是平台为了增强用户的黏性，会使用各种手段实现对用户的锁定，其中大数据的使用就是一个竞争要素，它是平台用以消除用户的多归属性、增强锁定效应的工具[133]。例如平台通过大数据为用户提供个性化的产品和服务，以及使用手段阻止用户转移数据，增加用户的转移成本，等等。大数据强化了平台的锁定效应[133]。

（3）平台具有跨群网络外部性

跨群网络外部性指的是不同用户群体之间的相互影响，其中一个群体的存在或行为会影响另一个群体的福祉或参与意愿。这是多边平台上的一种特殊的间接网络效应，也称为"交叉网络外部性"。还是以社交媒体为例，当个人用户使用社交媒体时，个人用户的行为会影响广告商这一群体的参与者；广告商的决策和广告投放会受到用户活跃度、受众规模和用户数据的影响。反过来，广告商的存在和广告内容的数量以及质量也会影响用户体验。

这种双向的影响形成了社交媒体上的跨群网络外部性。

有学者细分了在平台上参与交互的用户群体，其包括用户、企业、内容编辑、广告商以及招商五大群体[137]。通过技术的融合以及数据的集合，平台为平台参与者及相关主体提供连接、交互、匹配和价值创造的媒介。平台使用技术来开发和控制超出企业经营范围的数字化资源，促进多方连接来实现价值创造，但是这可能会受到平台内在的跨群网络外部性的影响[138]。

同时，平台与平台之间也具备跨平台的网络外部性，例如第三方平台依托大型平台的海量用户，在建立初期首先接入大型平台，与大型平台建立数据接口，解决建立初期的"鸡蛋相生的问题"。这一商业模式逐渐成熟。

2.4　平台的垄断倾向

互联网诞生之初，不少学者认为价格信号将通过互联网平台有效传递，交易成本将不断降低，将有可能出现更多的完全竞争市场[139]。但事与愿违，数字经济时代平台企业巨头林立，头部企业总体实力雄厚，其商业触角无处不在，稍有竞争苗头的新创企业一旦出现，极有可能被头部企业重金收购或者全力打压。这些平台企业在带动整个社会进行数字化转型的同时，也带来了一些经济与社会方面的风险[140]。

目前，关于平台垄断的相关文献主要聚焦于以下研究内容。

（1）平台并购的竞争研究。目前关于并购的研究文献尤其关注收购者的收益、收益的影响因素以及并购如何创造价值[141-143]。这些文献的主要内容包括三点。①并购的反垄断审查，主要包括相关市场的界定[144,145]、市场进入影响评价[146]等。②水平并购的价格歧视。有文献认为，水平并购后，当允许企业进行价格歧视时，企业的利润将大幅增加。虽然并购之后社会总体福利不受影响，但是这将给用户福利带来损失[147]。③并购反垄断审查对企业的影响。有统计结果显示，不利的反垄断审查结果将会导致收购方企业的价值下降2.8%，这在客观上强化了企业在交易被公告之前进行游说的动机，以便得到有利的审查结果[147]。

（2）用户数据与竞争研究。关于用户数据与平台之间的竞争关系的研究文献不多，但是学者们已经有了一定的发现。①企业对用户数据的保护水平将影响企业的市场竞争能力。在用户数据采集与使用过程中，用户更倾向于相信那些在数据保护方面具有较高水准的大企业。如果企业获取用户数据必须获得其知情同意，用户将会更多地授权于成熟的大企业而不是新创企业。这进一步导致用户数据在大企业集聚，形成数据的"自然垄断"，阻碍新创企业进入该市场[148]。②用户数据能强化垄断地位。大数据能强化市场垄断力量，一旦平台企业有了用户数据集聚的基础，垄断力量将不断巩固强化，这为其他新竞争者的进入设置了一定的障碍[149]。③市场支配地位与隐私保护。目前学界对市场支配地位如何影响企业的隐私保护水平存在争议。有观点认为，市场支配地位可能削弱企业的隐私保护水平。这是由于垄断地位一方面会使企业减少在隐私保护方面的投入，另一方面也阻碍了可能提供更好隐私保护措施的企业的进入[150]。④大数据对竞争的影响。大数据可以促进市场竞争，但也可能带来风险。因此，需要明确大数据在竞争法规上的属性，并采取相应的规制措施以维护竞争的公平性和有效性[151]。

（3）并购中用户数据整合的竞争影响。从Facebook收购WhatsApp到Microsoft收购LinkedIn，并购中的用户数据整合问题吸引了学界的关注。并购导致的用户数据整合将使企业掌握更多用户信息。一方面，企业可能做出价格歧视等违背公平的市场竞争秩序的行为；另一方面，为了避免被收购，企业会提供更加符合用户需求的产品和服务，这有利于提升企业的竞争能力[152]。Kim等[153]在2016年研究了水平并购对竞争的影响，发现当市场只有两家企业时，并购之后价格歧视将使用户剩余大大降低；当市场有三家企业时，并购后实施价格歧视并非最优选择。因此，分析用户数据整合的竞争影响还需要考虑市场结构。此外，目前涉及用户数据整合的并购案例，在竞争评估原则和方法方面并没有实质性的区别。然而，需要特别注意的是，数据市场具备多边市场的性质，数据具备多元属性、动态性，同时还涉及隐私保护等问题，因此，必须根据具体案例进行深入和细致的分析，以充分考虑这些特殊情况[154]。

现有文献对于并购的竞争影响、用户数据整合的竞争影响研究较多，但是更多是探索性研究，尚没有系统地提供解决方案或者提出解决路径。一是缺乏对并购之后的用户数据整合的竞争影响的深入研究。对于水平并购，现有文献并没有考虑不对称的客源市场分布，尤其是近年来众多的互联网企业并购案例中，其提供的产品或服务通常具有网络效应，客源市场往往很不对称。对于混合并购，目前还缺乏对于用户数据利用的竞争影响的研究。二是并购用户数据整合监管机制研究亟待加强。目前社会各界开始意识到并购用户数据整合监管的必要性，但是缺乏有效的政策工具。

2.4.1　平台的垄断现状

当前，在全球最大的 70 个平台中，美国与中国所拥有的平台市值占据了总市值的 90%；全球七个"超级平台"，包括 Microsoft、Apple、Amazon、Google、Meta、腾讯以及阿里巴巴，其市值就占据了平台总市值的三分之二[104]。随着平台在世界经济中的地位提升，我们不可避免地要面对平台的垄断问题与挑战。

（1）国际市场中平台的垄断现状

国际市场中存在着不同行业的平台垄断现象[104]，例如 Microsoft、Google、Meta、X（原 Twitter）等大型平台。其中，在国际市场上，社交媒体的市场由 Meta、X 等平台主导，这引发了人们对信息传播和广告领域的市场垄断的担忧；电子商务领域由少数的大型平台如 Amazon、阿里巴巴主导，其吸引了全球范围的买家和卖家；搜索引擎领域的大部分份额由 Google 占有，这对信息获取领域和在线广告的投放有巨大影响；此外，移动操作系统市场由 Apple 和 Google 所提供的 iOS 以及 Android 系统垄断。几乎不同行业的市场都存在一定的垄断现象。

（2）国内市场中平台的垄断现状

国内市场中的平台垄断现象同样引起了关注。其中，电子商务市场由淘宝、天猫、京东、抖音以及拼多多等平台主导，这些电子商务平台吸引了庞大的卖家和买家群体，构建了在线购物生态系统。根据前瞻产业研究院整理的数据[155]，2021年我国电子商务平台市场中，淘宝占有最大的市场份额，京东排名第二，其次是拼多多，三者所占的市场份额分别是52%、20%、15%，剩余的市场份额主要被抖音和快手占有。在社交领域和即时通信方面，微信成为主要的平台，拥有数以亿计的用户，微博也在社交媒体领域具有显著的影响。在线支付领域由支付宝和微信控制了大部分的市场份额。类似的还有搜索引擎领域的百度，在线视频领域的腾讯视频、爱奇艺，等等。

2.4.2　平台垄断的成因

平台的集中经营，一方面是维持平台运营的内在需要，另一方面更是其所在相关市场发展的驱动力。平台从简单的集中经营，到快速成为市场领导者，实现"赢者通吃"，形成数字化卡特尔（Digital Cartels），主要是因为平台本身的特性以及平台自身发展的需要。

（1）平台的特性助推平台垄断的形成

与传统行业不同，平台的网络效应使其形成市场集中力量的速度更快，而平台具备的规模效应，更是使其具备雄厚的扩张实力。两种效应的结合，是维持平台可持续运营的内在需要，一方面为平台进一步提升经营效率、优化自身提供了有效的工具，另一方面也为平台提供了设置市场进入障碍的力量。

① 平台具有网络效应和规模效应

平台所具备的网络效应和规模效应，能够使其进一步增加平台用户总数量，同时增加了用户切换平台需付出的成本，一定程度上促成平台形成垄断力量。平台作为双边市场，用户所获得的效益并不是固定值，而是与用户的数量和平台的规模成正比。而且当用户数量达到一定的程度时，平台再增加用户的边际成本是零，这促使其市场支配地位的形成。

② 平台具有跨群网络正外部性

平台的跨群网络外部性表现为一个群体的存在或活动会对其他群体产生积极或者消极的影响。一个用户群体的数量在平台上增长时，会引发更多的用户和其他相关群体数量的增长[156]，从而增加平台的价值，这种效应会加速平台的垄断。同时，用户的数量增加也会促使平台积累更多的数据，进一步提升其竞争力。

（2）集中经营是平台实现发展的需要

数字经济的发展对平台经济效率以及平台对数据提取、控制以及分析的能力提出了更高要求。事实上，未达到垄断水平的平台，其迅速集中经营对整体经济发展以及自身运营也有显著好处，这也成为平台迈向垄断的外在驱动力。

① 提升效率的需要

存在竞争的市场环境迫使平台不断提高效率。平台通常通过数字技术的广泛和深度应用来提高效率，以提供更好的用户体验和更具竞争力的价格。利用政策鼓励平台集中经营可以改变市场分隔的现象[157]。相关研究显示，分隔的市场会限制要素资源的有效配置，而统一的市场能够推动资源的自由流动，并提升资源的配置效率[158]。效率的提升使得平台能够吸引更多的参与者，进一步巩固市场地位。这一趋势使得平台在不断提升效率的过程中增强了市场支配能力。

② 获取数据资产的需要

数据在平台经济中的角色地位毋庸置疑。为了获得数据红利，平台竞相提供更多吸引用户的功能，例如个性化推荐和精准广告定位等。事实上，平台的竞争不局限于市场份额的争夺或者用户数量上的竞争，目前已经扩展到了数据的获取与管理，数据成为平台竞争的核心[159]。这一趋势可见于一系列的竞争案例，例如新浪诉脉脉案、抖音诉腾讯案等。一系列的竞争案例表现出平台之间为了获取数据而发生的激烈竞争。这同时也导致了平台巨头形成数据垄断，对新创平台形成进入壁垒。数据的价值和控制权成为平台获取竞争优势的关键。

（3）常见的平台限制竞争行为

平台经济的发展通常伴随着双边市场的参与和垄断势力的形成，平台发展壮大的同时，会导致平台边界模糊和反垄断识别难度较大等问题[160]。为了扩大自建平台的规模效应，平台提供者可能会利用自身的资本、算法、数据等资源扩大经营领域和经营范围。一开始，竞争可能是良性的，能为用户提供不同的选择，降低用户的依赖程度，以此降低平台的集中程度。但是，平台为了增强自身的竞争力和用户的黏性，容易造成一系列的排除或者限制竞争的问题，损害了经济福利的同时降低了创新效率[161]。常见的限制竞争的行为如表2.5所示。

表2.5　常见的限制竞争的行为

限制竞争的行为	具体释义
赢者通吃	接近零的边际成本产生的规模效应使得平台具有良性的循环扩张机制，形成进入壁垒
强者恒强	拥有庞大用户规模的平台可能利用自身的网络规模排挤新入市场的竞争对手，削弱竞争，损害市场的公平和用户的利益
数据垄断	以极低的价格或其他福利获得用户数据之后，可能凭借数据对用户实施价格歧视以及为用户推送广告，影响用户权益
并购行为	采用"猎杀式"并购的方式收购市场上的新创平台，降低市场的竞争程度，损害市场的创新动力

2.4.3　平台垄断的危害

当前，关于平台市场支配地位的界定、垄断监管的触发条件等仍存在争议。这是由于在平台经济下，市场边界模糊和平台跨市场竞争，平台市场支配地位的确认变得复杂。另外，传统的反垄断监管通常依赖于市场份额以及滥用市场支配地位等来触发垄断监管条件。然而，这些标准在平台情境下面临重新定义和重新评估的挑战。虽然平台的迅速成长对于产业转型升级、加速企业的数字化转型与创新等具有很大的推动作用，但是也隐藏着一定的风险。如果平台形成垄断，将有可能造成多方面的危害。

（1）阻碍创新

创新在经济增长和社会进步中扮演着重要角色，而平台形成垄断显然会对创新产生负面影响，主要表现在以下几个方面。

① 形成高市场进入门槛。垄断平台掌握了市场的门户，拥有大量的用户和数据，形成的进入壁垒不仅阻碍了新创企业进入市场，也减少了市场上的竞争和创新机会。

② 资源过度集中。垄断平台控制了大部分的市场份额以及数据资产，通常拥有更多的资源可用于研发和创新。新创企业获取竞争市场中被控制的资源和创新机会显然是不易的，市场的创新活力被大大削弱。

③ 抑制创新积极性。相较于创新，垄断平台更倾向于保持垄断地位，对冒险的新技术和新业务模式持谨慎的态度。而具有创新积极性的新创企业可能由于进入壁垒不能进入市场。即使新创企业能够进入市场，垄断平台也可能采取限制竞争的措施打压潜在的竞争对手，例如因为新创企业在核心业务上表现出潜在的竞争力而对其进行"猎杀式"并购[138]。新创企业参与竞争的动力受限于原有市场中的大型平台企业[157]，其创新的潜力和积极性被限制。

（2）损害社会福利

平台提供者是市场的关键参与者，在社会中的地位和权力日益提升。然而，部分平台未能主动履行相应的社会公共责任，包括维护用户数据隐私安全、应对虚假信息传播等，这损害了社会福利，引发了社会的广泛关切。

① 形成不平等的竞争条件

若传统企业与垄断平台企业竞争，竞争条件明显不公平，例如二者的资本、用户基础和技术条件等不同。相较于传统行业，垄断平台通常拥有巨大的用户规模，这产生了网络效应，并且垄断平台为了扩大网络效应，通常会设置较低的平台进入门槛，进一步强化其市场地位。传统企业要产生类似的网络效应需要时间和资源，这种不平等限制了传统企业的成长和竞争能力。

② 损害整体社会福利

平台为用户提供了价格实惠的产品和服务，因而得到了用户的广泛认可，这看似增加了整体社会福利，但是实际情况可能并非如此。平台的低价竞争策略会产生副作用，包括压低供应商的价格、降低产品或者服务的质量以及削弱劳动条件等，损害了整体社会福利和公共利益。此外，平台在市场中具有将一部分成本外部化给社会的能力，涉及市场进入成本、运营维护成本以及监管风险成本等方面，这很可能对整体社会福利产生负面影响。

（3）限制供需双方的选择

形成垄断的平台很有可能形成对供需双方的限制。

① 供方

平台的垄断地位使得供方与平台谈判时处于不平等的地位，平台可以强加不合理的合同条件、佣金或手续费给供方。因为在市场被垄断的情况下，供方通常没有替代的市场，供方的利润被进一步削减。不可否认的是，平台能够提供给供方一定的用户基础、技术条件以及市场访问入口，供方对平台的依赖性很高，这导致供方只能接受平台规定的高昂的费用，如广告费用以及佣金，以保持原有的业务，这增加了供方的经营成本，同时降低了其利润。

② 需方

尽管需方看似不易受垄断平台的影响，但事实上，垄断平台增加了需方的转移成本。相关研究显示，用户切换平台需要付出认知成本[162]，同时，平台的锁定效应、社交网络效应、需方的数据依赖性等也可能增加需方的转移成本。需方不愿意付出转移成本和不便转移到其他的平台，即使需方对平台的服务或者规则等感到不满。此外，垄断平台减少了需方的多样化选择[163]，因为缺乏竞争，平台提供的产品或服务的质量和多样化选择受到了一定的限制。

第3章 平台规制

平台是数字时代社会实践的重要场所，但是在其发展与扩张过程中，一些潜在的问题渐渐凸显，如隐私侵犯、算法歧视、数据泄露等。这些问题不仅影响了个体和企业的权益，也对整个平台市场的健康和可持续发展构成了威胁。在这一背景下，如何规范平台的发展，构建高效公平的平台治理结构和交易环境成为亟待解决的问题。在面对这些问题时，理解并识别企业在平台中的角色变得重要。深入理解企业在平台生态中的定位以及企业之间的关系有助于平台规制主体制定规制措施，维护用户权益和交易的公平性，确保平台的健康发展。

3.1 平台生态中的企业角色

数字化带来了线上产业链的繁荣，但是同时也给传统企业带来了冲击和挑战。与新创企业不同，传统企业推动数字化进程需要付出更多的努力，才能跳出旧的市场，寻找适应新市场的规则和商业模式。在数字时代，平台连接了双边市场中不同用户群体的产品和服务，正成为一种普遍的市场组织形式[164]。但是有学者提出，平台的进入也可能会给原本市场中企业的发展带来巨大的机会和威胁[164]。因此，企业如何把握数字时代的红利，成功借力平台提升市场竞争力，在平台生态中又扮演着怎样的角色，均成为产学研界关注的问题。

从实践来看，强化价值创造、数据集成以及平台赋能成为传统产业数字化转型过程中的重要趋势[165]。拥有基础资源、用户基础和一定市场规模的企业具有更大的竞争优势和更强的价值创造能力。但是对于大量企业来说，在如今"赢家通吃"的平台生态发展背景下[166]，自建平台极为困难。企业特别是中小企业面临着较大的挑战，如数字化门槛高、转型资金不足等。为此，政府也出台了相关政策[167]来降低中小企业的数字化转型门槛，加大资金支持力度，助力中小企业实现"链式"转型，融入数字化生态。

根据现有的文献研究，企业在平台生态中主要扮演两个角色，即平台提供者和平台参与者[119,168]。平台提供者和平台参与者借力平台进行数字化转型的路径并不相同。

3.1.1 平台提供者

（1）定义与特征

平台提供者即平台企业，指的是开发数字平台的组织或企业，在平台生态中扮演搭建平台，促进双边市场的用户群体达成交易的角色。平台提供者与平台的名称并没有特定的关系，例如 YouTube 为平台提供者 Google 所有，而 Google 同时也提供其他的平台[169]。当前，众多互联网平台迅速崛起壮大，包括美国的 GAFA（Google、Amazon、Facebook、Apple）以及中国的 ATBM（阿里巴巴、腾讯、百度、美团）等代表性平台[133]。这些企业具有丰富的资源和资金，在相关市场积累了强大的影响力以及良好的合作伙伴关系，基于此优势搭建平台并进一步借助平台优势传导市场力量，有效地推动了市场变革[75]。

在一般情况下，平台提供者表现出卓越的技术能力、创新潜力和战略洞察力，以构建和维护复杂的平台适应市场的变化和用户需求。为扩大网络效应、提升平台的价值，平台提供者致力于吸引更多的参与者加入平台，其采用的策略包括以极低的价格换取用户的参与[170]，并在此基础上绑定相应的付费产品和服务，从而增加用户的转移成本[119]。例如通过优惠的价格或者其他福利吸引用户在平台注册，收集用户有价值的数据"隐形"收费，而用户也会因为优惠的价格允许平台收集数据。平台以此扩大网络效应。

此外，平台提供者具备制定平台发展规则的权力和责任，以确保平台的合规性和用户的使用安全。平台规制措施的制定对于平台生态的可持续发展是必不可少的。

（2）平台提供者的盈利模式

我们认识到，网络效应以及规模效应是平台的优势来源。作为双边市场，企业搭建平台首先要着眼于双边网络的建立，以充分利用同边或者侧边的互动，最终维持并扩大网络效应[118]。因此，如何设计平台的商业模式，吸引并且保持双边的用户群体的参与，维持平台的竞争优势[171]，是平台提供者搭建平台面临的关键问题。根据现有的研究，当前平台的盈利模式主要有以下几种。

① "免费"模式。李海舰提出平台通过"免费"实现盈利的四种模式[172]：一是"交叉补贴"，即通过提供一种免费的产品或服务，捆绑销售另一种产品或服务，例如硬件产品免费提供，而软件服务则要收费；二是"三方市场"，即向产品的生产者与使用者之外的第三方提供服务并收费，例如广告商；三是"版本划分"模式，即产品初级功能免费，而高级功能需要收费；四是"数据服务"模式，即通过集成用户的数据，掌握数据流量以实现盈利。

② 产品或服务的"出租"模式。根据李文莲等[173]的观点，许多用户对产品和服务的需求本质上是拥有产品或服务的使用权，而不是拥有产品或服务本身。她认为，将出售模式改为出租模式是平台实现盈利的一个关键途径。例如在共享经济中，用户追求的是产品或服务的使用权，用户所付出的购买成本是零，且使用成本很低，这是共享经济能取得成功的重要推动力。企业能否意识到用户真正的需求在一定程度上决定了企业最终是否能实现盈利。

③ 成本控制。朱芳芳[119]提出利用外部资源来控制成本有助于平台实现盈利。由于平台的业务范围广泛且繁杂，学者提出将平台的业务按照价值链

分解为不同的模块，将一部分交由外部市场完成，而平台提供者则专注于其自身拥有竞争优势的模块。这样平台提供者可以利用外部市场的资源实现高效运营并控制平台的经营成本。

（3）平台提供者搭建平台的多重效益

平台提供者搭建平台的效益涉及多个关键方面，包括市场占有率的提升、数据资产的积累、生态系统的建设等。

① 市场占有率的提升。在平台经济持续发展的背景下，市场占有率的提升是一个关键的目标。平台提供者通常拥有丰富的资源、较大的市场份额以及广泛的用户基础。通过建立平台，平台提供者能够吸引更多的用户和合作伙伴参与平台的建设，加速形成市场集中趋势，快速建立领先地位，成为该领域的引领者。尤其是对于那些具有双边/多边市场的特征的大平台而言，平台的网络效应和规模效应在这一过程中发挥着重要的作用[75]。这些效应有助于扩大平台的规模和影响力，从而进一步提升其市场占有率。

② 数据资产的积累。企业搭建平台后获得的大量数据资产是数字经济时代的珍贵资源。数据被广泛视为一种战略性资产。数字技术已经从根本上改变了数据的生成、存储、处理、交换等方式，而人工智能的发展使得企业进一步拥有处理海量数据的能力。以数据为基础的管理和分析能力已经成为平台提供者核心竞争力的一种体现[161]。平台上的用户交易和互动不断产生大量的数据，这些数据对于平台提供者以及参与者来说都具有重要价值，可以用于实现多方面的战略优势。首先，数据为企业提供了深入了解市场和用户行为的机会，有助于企业更精确地洞察市场趋势、用户需求和竞争动态。其次，数据资产有助于支持数据驱动的决策制定，使平台提供者和参与者能够优化资源配置，调整发展策略，以更好地满足用户需求并获得市场竞争优势。此外，数据能够支撑产品和服务的改进，为创新提供机会。最后，基于数据的风险管理有助于企业识别和减轻潜在的风险，从而提高可持续性和长期成功的概率。

③ 生态系统的建设。平台提供者在推动平台生态系统建设方面发挥着重要作用。大型平台通常涉足多个行业或领域，具备跨行业整合资源和开展生态系统建设的能力，这使得平台提供者可以为平台参与者的数字化转型提供更全面的支持和更多的机会。此外，平台提供者可以通过建立合作伙伴关系，推动资源和技术共享，从而构建一个完整的数字化生态系统，为平台参与者提供更好的服务和解决方案。吴义爽等[174]研究制造业的平台发展策略时发现，个体制造企业通过实施平台策略不仅能够获取来自服务产业的新利润增长点和竞争优势，也有助于自身的产业升级，同时这一过程在产业层面促进了生产性服务业的集聚。因此，平台提供者通过搭建数字化平台，引入新的技术和业务模式，能够与平台参与者共同构建数字时代的新格局，引领行业变革。

3.1.2　平台参与者

平台的成功很大程度上取决于能否有效吸引和管理不同类型的平台参与者。平台参与者包括供方和需方，双方在平台上相互作用，共同推动了平台生态系统的发展。当探讨平台参与者的内容时，我们需要明确平台经济的核心特征，即平台作为一个中介机构，将供方和需方汇聚在一起，以促进双方达成交易和创造价值。在数字时代，企业需要迅速适应不断变化的商业环境和技术趋势，以保持竞争力和创新能力。然而，自建平台往往是一项复杂且需要大量资源和实践的任务。因此，一些企业可能选择更为"智慧"的策略，即成为已有平台的参与者，以借助平台迅速获得数字时代的优势和红利。

（1）定义和特征

平台参与者是指那些选择融入现有的平台，期望通过平台低成本实现转型升级的一类实体。平台参与者分为供方（提供产品或服务的实体）和需方（寻求产品或服务的实体），二者具有不同的特征。

① 供方

供方是平台生态系统中的一类关键参与者，作为提供产品或服务的实体，通常包括制造商、开发者、服务提供商，也可以是个体创业者或者小型企业。平台提供了一个汇聚和展示供方产品和服务的机会，扩大了供方的市场覆盖面。由于平台通常涵盖多个行业或领域，供方在平台上的多元化特征非常突出，其提供多样化的产品或者服务来满足不同需方的需求。此外，供方的表现往往受到需方的评价和信誉的影响，由于平台参与者之间存在跨群网络外部性，需方的反馈与评价对供方的信誉和业务具有重要意义。因此，供方会积极追求卓越的产品和服务质量，以获得更大的需方群体。

② 需方

需方是另一类平台参与者，是平台上寻求产品或服务的实体，可以是消费者、企业和其他的组织等不同类型的用户。平台提供者为需方提供了一个媒介，使得需方可以从多个供方那里获得多样化的产品或者服务，这也推动了供方的竞争。尽管需方通常对平台的便捷性和多样性产生依赖，但是信任与安全性对于需方参与平台的决策至关重要。因为需方通常需要在平台上提供居住地址等交易信息，且依赖于平台来确保这些信息的安全，所以平台的信息保护措施以及信誉是需方选择平台和决策的重要参考。

供方和需方作为平台的核心参与者，在推动平台生态系统发展及促进产品和服务的创新中扮演着不可或缺的角色。供需双方的互动和依赖[175]不仅构成了平台经济发展的基石，并且对多方的利益和价值创造产生深远的影响，推动着平台经济的发展。

关于平台提供者与平台参与者之间的关系，王节祥等[176]的研究提供了相关重要见解。他们指出双方存在互补关系，这体现在两个方面：一方面，参与者对其他参与者的需求互补，即供方满足需方对产品或者服务的需求，这构成了供需双方的互补性；另一方面，参与者对平台功能的互补，初始状态下，平台提供了满足多方参与者使用需求的基础功能区块，但是在发展过程中，这些区块可能存在功能不适配或不统一的现象。在这种情况下，参与者通过构建新的区块或者完善这些缺失的区块，与平台提供者共同创造"1+1>2"的效果，即形成功能上的互补。

（2）平台参与者借力平台实现依附式升级

尽管借力平台实现发展被认为是企业实现升级的理想路径，对平台参与者具有吸引力，但是也伴随着一些挑战和风险。借力平台这种策略能否成功不仅取决于企业的能力和战略，还受到平台特性和市场环境的影响。下面重点探讨企业借力平台实现转型的战略选择问题。

相关研究发现，平台参与者与平台提供者之间具有相互依赖以及互补的关系[175-177]，平台参与者借力平台实现转型升级可能陷入"依附于平台升级"与"保持自主性"两方面的矛盾。一方面，平台参与者需要保持独立的战略决策、品牌形象和商业模式，过度依赖平台可能导致平台参与者在资源和市场方面缺乏独立性，丧失自主发展的能力和竞争优势。另一方面，尽管平台参与者加入平台可以加快数字化转型进程[178]，但如果只是接受平台提供者提供的产品和服务，就可能无法达到数字化转型的最终目的，且可能需要为此付出高昂的平台运营成本。因此，平台参与者利用平台赋能推进数字化转型，需要处理好与平台之间的互补或依赖关系。市场上的平台提供者和平台参与者数量悬殊，平台可以以较低的成本替换平台参与者，而平台参与者能选择的平台数量有限，相较之下，其谈判能力弱。如果平台参与者仅依靠互补关系实现价值共创，不对等的关系并不能使得这段关系长久发展。

陈威如和王节祥[177]通过案例研究提出了通过平台推进平台参与者数字化转型的依附式升级模型，即平台参与者通过与平台提供者合作，从初始的依附发展到最终实现自主发展。这一过程需经过互融、共生、自主三个逐步展开的阶段。这三个阶段并不是割裂开来的，后一个阶段应该以前一个阶段为基础展开，具体如表3.1所示。

表3.1 平台参与者实现依附式升级的过程

阶段	目标	特点	关系
互融阶段	利用平台赋能	平台参与者面临着资源和能力的约束,其主要目的是实现要素数字化,重组工作流程以及管理方式,实现线下的业务线上化,提升运营管理效率	平台处于主导地位,平台参与者与平台的关系是高依赖、低互补的
共生阶段	逐步实现自主创新	平台参与者与平台构建全新的价值主张和业务模式,帮助平台拓展新的业务、服务模式,拓宽平台业务边界。平台参与者在促进自身业务发展的同时,提升对平台的贡献率	平台参与者初步积累了自主能力,主动寻求更多的生态主体,与平台深度合作,对平台的依赖性降低
自主阶段	降低对平台的依赖性	平台参与者作为具备自主能力的子平台,具备与原有平台共同为整个行业拓展新的产业和服务的能力。同时,数字化助力平台参与者与其他平台探索新的合作模式,自主构建平台生态,成功推进自身的数字化转型	平台参与者逐步实现自主,对单个平台的依赖性降低

在互融阶段,平台参与者开始与平台建立合作关系,通过依附平台获取资源、技术和市场优势。此阶段,平台参与者与平台之间形成高依赖、低互补的关系,双方通过合作实现互惠互利。平台参与者开始从平台获取产品和服务,通过平台提供的资源和市场渠道初步实现数字化转型。

在共生阶段,平台参与者与平台之间的合作关系进一步发展,双方实现双边的价值共创。平台参与者通过平台获得更多的数据和用户反馈,进一步优化产品和服务,提升用户体验。同时,平台参与者也可以通过平台提供的工具和技术,实现更高效的运营和管理。这种共生关系促使平台参与者在数字化转型过程中逐渐增强自身的能力和竞争力。

在自主阶段,平台参与者通过与平台合作和借力,逐渐建立起自主的技术能力、创新能力和品牌形象。平台参与者开始在数字化转型中发挥更大的主导作用,自主研发和实施数字化解决方案,建立自己的数字化生态系统。此阶段的平台参与者在平台的基础上实现自主发展,降低对平台的依赖性,同时与其他平台建立合作关系,推动整个行业的数字化转型。

通过互融、共生以及自主三个阶段，平台参与者借力平台实现了依附式升级，从单边被动接受产品和服务到实现双边价值共创，推动了数字化转型进程。平台参与者通过与平台合作，建立技术能力、创新能力和品牌形象，最终实现了自主发展，增加了竞争优势。

（3）平台参与者借力平台的多重效益

平台参与者能够利用平台现有的技术基础、用户基础、市场份额以及数据资产，有很多潜在的效益。

一是借助平台快速拓展市场和获取客户。平台拥有的大量的用户和市场份额，以及平台提供的流量入口和市场渠道可以帮助平台参与者突破传统的营销限制，降低市场进入难度，加速产品或服务的推广和销售。

二是降低成本和优化资源配置。平台参与者依附平台，享受着平台的资源，实现资源的整合和优化利用。通过与平台合作，平台参与者可以节省独立开发和建设所需的大量资金和时间，降低成本，提高效率。

三是获得技术赋能和提升创新能力。平台深入了解所在行业的发展状况，通常具备较强的技术能力和创新能力。平台参与者通过依附平台，可以借助平台的技术赋能，提升自身的技术水平和创新能力。平台可以提供开放的 API（Application Programming Interface，应用程序编程接口）、开发工具和资源支持，使平台参与者能够更加灵活地制定和整合有关创新的解决方案。

四是参与平台生态建设。平台往往是一个多方参与的生态系统，平台参与者可以通过依附平台，与其他企业、供应商和合作伙伴建立合作关系，这可以带来更多的商业机会和资源，促进平台参与者与其他参与方的协同创新和合作。

但是并不是所有的平台参与者都能获得平台红利，就像淘宝、京东、拼多多、阿里巴巴等大型平台中，有获得明显成效的、拥有几百万名粉丝的店铺，但是每天因为业绩不佳退出平台的店铺也不在少数，平台参与者所获得的绩效高度分化。平台参与者如何依托平台成功推进数字化进程是目前企业关注的重点。

3.2　平台规制概述

目前学界对平台规制总体上有两个维度的理解：一是平台企业自主规制[179]，强调平台提供者对平台参与者进行规范管理；二是外部力量对平台进行规制[180,181]，由中央、地方政府、行业组织等通过规章制度规范平台行为，涉及垄断、交易安全、数据安全等。无论是内部还是外部规制，其目的都是实现整体效益最大化。

Terry[182]指出，全球互联网治理的历史演进呈现为三个阶段，分别是1990—2005年的开放式互联网阶段、2005—2020年的平台式互联网阶段以及2020年至今的强监管互联网阶段。我国从1994年正式接入互联网以来，经历了自由发展、快速发展至强监管的过程。2011—2017年是我国平台经济迅猛发展的时期，随之而来的是对网络监管的加强，我国成立了网信办等机构专门治理网络平台。从2018年开始，我国加快了立法步伐，出台了《网络安全法》《数据安全法》《个人信息保护法》等法规，为网络平台治理搭建了顶层框架，同时维护市场的交易安全和加强反垄断监管。

除了对平台整体市场进行规制外，欧盟着眼于大型平台的规制，在2022年推出《数字市场法》和《数字服务法》对"守门人"大型平台进行特别化、前置化和动态化规制，从源头上降低不公平竞争的可能性以及保证规制措施的及时性和灵活性[183]。

可见，为了维护网络市场的发展，平台规制的重要性不可忽视。无论是对平台整体市场进行规制还是针对大型平台开展专项规制行动，都意在为平台经济发展提供保障，确保平台健康有序发展。

3.3　平台规制的主体与措施

在目前技术的迅猛升级和数据使用的边际低成本的优势作用下，单依靠法律对平台进行规制是远远不能有效地应对数字技术变革下的新发展模式和新挑战的。Vincent Ostrom 与 Elinor Ostrom 提出的多中心治理理论指出，治理公共事务可以借助多个而非单一权力中心和组织体制。多主体治理涉及多元主体间的社会资源获取与利用[184]，除政府之外，协会组织、用户、群众等多元主体都可以参与事务管理，共同处理各类事务，从而有效降低政府的治理成本。参考多中心治理理论，平台规制不仅需要政府制定强有力的措施，同时需要平台参与者共同参与规制。下文将从外部监管和内部自治两个方面对平台规制进行分析。

3.3.1　外部监管

（1）政府层面——主要规制主体

政府在平台规制方面的作用不可忽视，它在维护市场秩序、保证公平竞争、保护用户权益以及推动平台合法性建设方面扮演着重要的角色。为实现上述目标，政府采取了多种措施，加强对平台的监督和管理，确保平台的合法经营和规范运作。

准入限制。针对特殊行业或者有较高风险的平台，例如金融科技平台、互联网金融平台、互联网医疗平台等关键平台，政府会采取准入限制措施，以确保新进入市场的平台符合一定的要求和标准，为其颁发准入许可。准入限制措施的目的是保证市场竞争的公平和保护用户权益。准入许可有助于确保平台具有一定的资本实力和经营能力，能提供可靠的服务，这有助于减少低资本、低信誉的平台进入市场，防止资金短缺而导致的服务品质下降或风险增加。

价格管制。政府针对某些关键领域的平台实行价格管制，以防止垄断和不合理的价格操纵。通过价格监测与调查、价格干预与调控以及指导定价等手段，政府得以确保价格的合理性和公平性。特别是对于涉及公共服务的平台，如电力、水务、停车等领域的平台，政府对其实行价格管制有助于确保公众获得合理的服务价格，维护市场的秩序和公共利益。

数据的使用和处理。政府对平台收集和处理用户数据实行严格的数据隐私规制，以保护用户的个人信息安全和隐私权。这些规制措施要求平台在处理用户数据时必须遵守特定的法律和标准，并往往需要获得用户的明确同意。例如我国颁布的《个人信息保护法》对收集和使用个人数据做出一系列的规范。

反垄断监管。某些国家设立反垄断监管机构，对市场上的大型平台进行调查和监管，以防止垄断行为和不正当竞争，维护市场的公平竞争环境，保障中小企业和其他用户的权益。例如国家反垄断局依据法律法规向互联网巨头开出巨额罚单以规制大型平台的不正当行为。

除了通过规制来保证平台的健康发展以外，政府对合法性的感知能力同样能够促进平台发展的正向循环[185]。例如通过制定奖励和处罚等监管措施，鼓励平台创造更多的跨群网络正外部性，促进平台的合法性建设[185]。政府需要加大对平台的监管力度，及时发现和处置违法行为，维护市场秩序和公平竞争。

（2）行业协会——协助规制

行业协会是由同一行业内的企业、组织或个人自愿组成的，作为行业的代表并服务该行业、促进行业发展和规范经营行为的社会组织。在中国，行业协会种类繁多，几乎涵盖所有主要的经济领域，包括商业类协会（如中国商业联合会）、工商业协会（如中华全国工商业联合会）、专业类协会（如中国医师协会、中华全国律师协会）等。行业协会在平台规制中扮演着重要的角色，涉及以下方面。

制定行业标准和规范。作为代表行业利益的组织，行业协会具有权威性和专业性，有权力制定行业内的自律准则和行为规范，以确保平台企业在业务运营中遵循统一标准，维护行业的稳定和公平竞争的环境。

制定平台入驻条件。行业协会协助制定平台入驻的标准和要求，包括资质和管理、运营、技术能力等方面，确保新进平台具备必要的资质和能力。

提供政策咨询。作为行业的专业组织，行业协会向平台企业提供关于政策法规的解读和咨询，帮助企业了解最新的规制要求和发展趋势，推动企业合规经营，避免不必要的违规风险。

与政府合作。行业协会与政府保持信息共享和沟通，传递行业动态和问题反馈。这种合作有助于政府更好地了解行业现状和面临的挑战，从而更有针对性地制定相关政策和规制措施，提高规制的科学性和有效性。例如中国食品工业协会在《食品安全法》及《食品安全法实施条例》的制定过程中，先后多次向全国人大、国务院及有关部门提出食品安全法律法规建设方面的意见建议，其中多数被采纳。

（3）用户层面——协助规制

平台规制也体现在用户的行为上。通过将个人利己心理与社会利他心理进行关联，平台能够实现用户从接受监管到参与监管的转变。用户作为平台最直接的参与者，能够直接、及时地感受到平台使用过程中存在的漏洞。技术的更新迭代速度很快，不免出现法律法规可能暂时存在条例空白的现象，在这种情况下，用户的反馈和投诉变得尤为重要。

用户可以通过个人或者团体发声的形式来维护平台的健康发展，抵制不良的网络行为，维护自身权益。例如，如果在某个平台上发现不当内容，用户可以积极举报或将其反馈给平台，帮助平台及时处理问题，维护平台的秩序和声誉。随着互联网的普及，舆论的声音对平台的规制也起到了重要作用。舆论的声音可以让更多的人了解平台存在的问题，并推动政府和监管部门更加关注这些问题和采取相应措施。通过舆论的监督，用户和公众的意见能够传递给相关部门，进而影响政策和规制措施的制定与执行，促使平台优化自身的经营方式。

用户规制平台的典型案例是用户规制网络购物平台。中国的网络购物市场中存在着众多的电商平台，包括淘宝、京东、拼多多等大型平台。商家这些平台进行数字化转型过程中吸引了大量用户，形成了庞大的用户基础和交易量。然而，随着平台的快速发展，也出现了一些问题，这些影响了用户的购物体验和权益。在某些情况下，监管部门可能难以及时发现和解决这些问题。此时，用户的参与发挥了重要作用。越来越多的用户通过网络平台来反映自己的购物经历，指出商品的真实情况和服务的质量，或与其他用户分享购物体验。这不仅让其他用户更加了解商品和商家的真实情况，也对平台上的不良商家形成一定的制约，推动平台改进服务和规范经营行为。

用户的声音成了推动平台改进的重要力量。通过用户的参与和监管，一些平台也积极采取措施来改进服务和规范经营行为，例如增设了举报通道，加强对商家的审核和管理，加大对假冒伪劣商品的打击力度，等等。这些措施帮助平台维护了用户权益，提升了平台的可信度和声誉。

总之，规制平台不仅是由政府和行业协会来推动和实施的，用户作为平台生态中不可或缺的一部分，也在平台规制中扮演着重要的角色。用户的反馈和投诉促使平台改进服务和规范经营行为，同时也推动政府出台更加完善的法律法规和监管措施。平台和用户的良性互动将共同推动平台市场的繁荣和可持续发展。

3.3.2 内部自治

平台自主制定规制措施也是规制必不可少的一环。相较于政府强有力的规制，平台规制具有自愿性和灵活性[186]。虽然法律法规并不会让平台提供者（平台企业）对平台用户的行为直接承担责任，但是在平台经济中，平台企业是经济活动的重要组织者，是获益方，也是平台的监管方，需要承担平台规制的主要责任[187]，包括制定规则、执行规则、处理纠纷等维护平台参与者正当利益的职责。

以网络购物平台为例，其自主规制措施如表3.2所示。

表3.2　网络购物平台的自主规制举措

规制措施	规制目的
制定产品质量和安全标准	确保销售的产品符合相关法律法规和质量要求，保障消费者的安全和权益
规定商家提供的服务和行为	一是防止虚假广告和不正当竞争，保障消费者在公平的竞争环境中做出购买决策；二是确保商家及时解答消费者的问题、处理投诉、提供退换货服务，确保消费者的权益得到保障
建立消费者评价机制	让消费者对购买的产品或服务进行评价，帮助其他消费者更好地做出购买决策
保护消费者的隐私	强化个人信息保护，防止个人信息被滥用或泄露

平台内部规则体系是制约平台参与者行为的重要力量，用户从注册开始，到在平台上的交易以及后期的纠纷处理均受到平台内部规则体系的制约[188]。但是平台企业作为追求利益的主体，在制定规则中可能存在利益倾向性。特别是在内部缺乏制约或者自身组织结构不健全的情况下，平台企业对平台的治理结果通常是达不到期望的。因此，一些学者提出平台企业应该保持"开放中立原则"，包括开放对待每一类用户，对多边用户保持中立，以及在与第三方进行业务合作时不进行"自我优待"[187,189]。另外一个重要的问题是目前大型的平台掌握了海量的用户数据，这给国家和社会安全带来了潜在的风险[190]。如果平台做出违法的行为，后果将是不堪设想的。平台设立自治规则虽然可以填补政府监管的空白，提升规制效率，但是也可能存在一定的风险，例如成为限制、排除竞争的工具[191]，因此也有很多专家提议对平台企业规则的制定进行与国家立法审查类似的严格的考核[192]，以保障规则制定的公平性和合法性。

3.4　平台规制的难点

相较于其他领域，平台涉及双方甚至是多方主体。平台同时拥有市场力量和信息操纵能力，既是交易的重要中介，又是推动创新的基础设施，对经济和社会的影响日益显著。然而，平台复杂多变的技术和业务模式以及用户隐私、平台竞争以及垄断等问题，给规制主体带来了一系列的挑战。此外，法律法规的滞后也使得现有的规制措施难以跟上平台快速发展的步伐。平台规制的难点主要体现在以下几个方面。

（1）复杂的技术和业务经营模式

技术的复杂性增加了监管机构把握平台发展情况的难度，使其难以准确评估平台的风险和合规性。此外，不同的平台可能从事电商、共享经济、金融科技、工业等不同领域，不同行业的业务经营模式和特点各异，传统的监管很难适用于不同的行业模式。平台的业务经营模式对监管举措的时效性和灵活性要求较高。

（2）平台数据隐私问题

平台通常会收集大量的用户数据，数据拥有很高的价值。如何规制平台合理使用和保护用户数据，同时维护用户的权益和平台的业务发展，是规制的难点和重点。此外，少数平台可能掌握大量的数据，在市场上形成垄断地位，从而影响市场的竞争公平性。

（3）创新与规制的平衡

平台规制的目的是保障利益公平和维护市场秩序，但是过度严苛的规制可能会抑制平台经济创新和发展，而过度宽松的规制有可能导致市场失控和用户权益受损。因此，灵活适应创新的边界与特点，保持灵活性和包容性，支持和促进平台经济的创新和发展是规制的难点所在。

（4）法律法规的滞后

现有的法律法规往往跟不上数字技术发展的步伐，导致监管滞后和监管难度增加。法律法规的修改通常需要较长的时间，这种滞后性使得监管机构难以及时应对新的平台行为和风险，容易导致平台的一些不正当行为在监管前产生一定的负面社会影响。例如在平台的垄断问题上，监管机构可能需要花费一定的时间来收集证据、进行调查并更新相应的规则，但是垄断行为的影响可能会在这段时间继续扩大。

3.5 平台规制的原则

数字市场一旦获得了足够的用户，就会保持较快的利润增长速度和良性的反馈循环。在这种情况下，为了获得市场支配地位，企业可能会持续创新并开展激烈竞争。在一个竞争的市场防止垄断，远比在一个垄断的市场培育竞争容易，发达国家或者地区在数字市场的规制经验值得我国借鉴。

3.5.1 调整竞争监管指标

数字技术日新月异的发展改变了传统市场的商业模式，这对竞争法及相关政策提出了新要求。在评估竞争格局带来的影响时，应当以更具前瞻性的视角，将平台的经营自由限制在可控的范围之内，并调整更新传统反垄断的监管指标。

其一，竞争监管的非价格指标在数字时代体现出显著的重要性。传统市场为防止垄断过程中出现掠夺性定价，通常以价格因素来衡量用户利益是否受到损害。但是在数字市场，较多平台以低廉价格甚至免费提供数字产品或服务，然而用户的利益并没有得到保障。因为当前平台倾向于利用算法实现优惠券的发放，实际付款价格上下波动较快，用户有时虽然没有支出真金白银，其个人数据却成为得到产品或者服务的代价。传统的竞争监管措施更多关注并购行为对市场竞争的限制或排斥效果，以及考虑并购规模和市场集中度，然而在平台的并购中，其给用户带来的损害往往不一定通过价格因素来体现。

其二，考量非价格指标，即用户隐私。在数字时代，用户隐私已成为其福利的重要组成部分，传统有关用户福利的考量范围进一步扩大。将用户隐私指标作为新的反垄断监管指标之一，具有一定的合理性与必要性[149]。反垄断执法机构可以从平台对用户隐私的控制程度来判断其是否构成垄断。比如，从平台是否给予用户充分的隐私选择、平台通过个人数据获益的程度，以及平台锁定用户数据效应等方面入手，考量用户权益是否受损，以及平台是否通过控制数据构成垄断事实，等等。目前德国已有相关实践，即禁止Facebook合并不同来源的用户数据。德国联邦卡特尔局指出，数字经济中的数据收集与处理活动与竞争问题紧密相关，当平台处于市场支配地位时，竞争管理机构必须充分考虑数据保护原则[193]。

3.5.2　明确平台的公共义务

平台既是数字市场交易的重要中介，也是平台经济发展的基础设施，还是相关市场的重要"守门人"。借助技术和人工智能算法，平台可以形成适合自身发展的数字网络规则，并操纵相关市场信息。部分看似中性的市场信息，实际是在平台的蓄意操纵之下发布的。例如某些平台可以通过调整搜索算法来优先展示某些商品或服务，或者通过个性化推荐来影响用户的购买决策。这样的操作可能导致用户陷入信息过载的困境，影响用户的自主选择权。因此，从安全管理的角度对平台施以一定责任作为监管控制点，明确平台的公共义务，以降低不当行为的发生率是有必要的。

（1）对于可以落实平台责任的情形，可以参考传统行业的公共义务内容，让平台承担与其运营、获取市场效益范围对等的社会公共责任。平台主动履行公共义务往往会增加其运营成本，因此，应当从多方面明确平台的公共义务。

① 明确平台事前安全审查责任。例如，美国就率先对Uber网约车平台出台了相关监管规范，明确了网约车平台对于司机、车辆的安全审查责任，加利福尼亚州还专门设立了交通网络企业（TNC）的监管类别，要求为司机和车辆投保，其监管目的是使网约车平台为乘客提供足够的保护[194]。

② 明确平台事中安全保障义务。我国的《电子商务法》对电子商务平台在有关用户人身安全、财产安全以及网络服务安全等方面提出要求，其他类型的平台也应当遵照相关法律中有关安全保障义务方面的内容，承担安全威胁告知、消除以及救助的责任。

③ 明确平台事后责任承担形式。对于自身有过错的情形，平台应当积极承担恢复或赔付责任；对于自身无过错的情形，如供需双方产生纠纷，平台应当承担相应的辅助调查等责任。

（2）对于难以落实平台责任的情形，可以通过限制经营达到相关监管目的。例如荷兰阿姆斯特丹规定 Airbnb 上的共享房屋的连续出租时间一年不能超过30天，鼓励共享房屋的同时又防止有人用此平台与酒店竞争[195]。尤其是在关乎民生的重点领域，例如数字经济的发展推动了网上药店的繁荣，而某些实体药店受到了一定的打击导致歇业。但是如果实体药店都歇业了，遇到紧急情况则可能远水救不了近火。因此，我们应当辩证看待平台经济的发展，控制平台在有限度的经营自由范围内发展。

3.5.3 完善国家税收制度

平台垄断对税基的侵蚀已经引起了各国/地区的普遍重视，各国/地区都在探索相应的解决方案。从国际组织到国家/地区以及平台本身，都为此做出了新的调整。

（1）积极参与国际合作，共同监督平台转移利润的避税行为。经济与合作发展组织（OECD）在2019年提出关于BEPS（Base Erosion and Profit Shifting，税基侵蚀与利润转移）的包容性框架，全球有多个国家（地区）响应框架内的15项行动，期望通过国际合作来终止包括跨国平台在内实施的避税策略，为国际税收营造透明环境，并保障国际税收规则的连贯性。

（2）科学借鉴其他国家/地区有关数字服务税的立法与实践。为了给平台施压，欧洲一些国家/地区纷纷将数字服务税议题纳入立法政策议程中：

法国于2019年7月通过相关法律，宣布对27个大型平台的中介服务以及定向广告销售收入适用3%的数字服务税率；奥地利于2019年10月通过相关法律，宣布对营业额达到2 500万欧元的企业就其数字广告收入征收5%的数字服务税；英国2020年宣布对搜索引擎、社交媒体平台以及在线市场的收入征收2%的数字服务税；此外，比利时、西班牙等国家也宣布从2020年开始对数字服务征税（税率为2%～7.5%）。美国《华盛顿邮报》在2019年12月的报道中称这是"新的贸易战爆发点"，为了让Apple等企业将利润从海外转回，美国声称将对其特别给予税收优惠[196]。我国可以考虑借鉴法国的税收制度，针对平台的营业额征税，保障线上线下税赋一致，推动线上线下融合发展。

（3）鼓励并引导平台主动签订纳税协议。当前，平台除了面临来自国际组织的新规则以及国家/地区新立法的压力外，可以通过主动签订纳税协议的方式来履行其纳税义务。同时，英国提议对部分平台上的英国广告用户以及英国平台关联企业通过签署合同的方式来征收"英国转移利润税"[197]，但也有学者认为这并不能限制平台实施利润转移策略[198]。

3.6 小结

平台的规制并不是一蹴而就的。在平台的规制中，政府旨在确立平台的发展方向，扮演领头羊的角色，并带动其他利益相关方参与平台规制，共建良好的平台生态系统。

平台的发展以及技术的快速更新迭代给监管带来了困难，平台的不正当竞争和负面效应同样需要得到强化治理[199]。因此平台规制不仅需要注重加大外部法律法规的治理力度，还需要弱化内部平台企业竞争的负面效应，例如亏损性发展策略的使用。平台形成发展优势需要政府、企业、用户以及其他的利益相关方共同努力，推动构建由政府规制、行业协会规制、用户规制与平台企业规制组成的综合治理体系，促进平台的健康发展，构建全方位的平台规制体系。

通过学习本章的内容，我们了解到政府的规制措施有准入限制、价格管制、数据的使用和处理等。为了进一步介绍平台规制措施与企业数字化转型的关系，本书将在第5章研究准入限制对互联网医疗平台的发展模式的影响，在第6章研究价格管制对停车平台的发展模式的影响，进一步通过案例分析研究规制措施对企业通过平台开展数字化转型的影响，为企业实现转型升级提供实践参考。

第4章 平台提供者赋能平台参与者的数字化转型——以工业互联网平台为例

4.1 平台引领整个生态的数字化转型

平台能够有效推进企业数字化转型。平台提供者在推进平台建设中不仅实现了自身的数字化转型升级，同时也通过平台赋能其他企业的数字化发展[200]。借力平台赋能能够加速传统企业特别是中小企业的数字化进程，平台赋能逐渐成为学界关注的前沿话题[201]。

学者研究发现，平台处于平台生态网络的中心地位，与企业形成利益共同体，能够通过推进接入资源的标准化和规范化建设提升资源的可用性[202]，且进一步通过资源整合、资源共享来实现价值共创[201]。目前我国正处于从制造大国向制造强国过渡的重要阶段，工业互联网平台作为传统制造业企业数字化转型的重要途径，在推进我国制造业企业转型升级中扮演着重要的角色。然而，与消费互联网不同，工业互联网应用场景碎片化的问题突出，涉及的工业体系和类目较多，且不同企业的工业互联网基础设施建设程度不同，连接成本差异较大[9]。同时，工业互联网搭建周期长、专业性强且投入较多等，导致目前工业互联网平台的建设仍处于探索阶段。

目前学界对工业互联网平台赋能的讨论主要集中在平台赋能对企业的绩效[201]、价值共创体系的构建[9]以及商业模式创新路径[203]的影响等，注重研究平台赋能的影响机理，较少对平台赋能的模式进行归纳总结。

为了填补这一空白，本章拟采取多案例比较的方法，在实地调研的基础上，总结归纳工业互联网平台赋能企业数字化转型的模式，并进一步根据赋能模式的不同，选取相应的案例作为研究对象，探索目前推进企业转型升级的重要平台——工业互联网平台赋能企业数字化转型的模式，以期为企业搭建或融入工业互联网平台，实现数字化转型提供借鉴。一方面，可为中小企业"上云上平台"提供有效的实践参考；另一方面，有助于打开工业互联网平台对企业数字化转型作用机制的"黑箱"，明确不同类型能力对数字化转型的作用，进一步丰富赋能理论研究情境。

4.2 工业互联网平台提供者如何赋能平台参与者数字化转型

2012年，美国通用电气公司发布白皮书《工业互联网：突破智慧与机器的界限》，在全球范围内引发了人们对工业互联网的关注。对于工业互联网与数字化转型的研究，学界从内涵、特征、影响向实践推进[204]。尚洪涛等[205]分析得出结论：工业互联网的发展能够缓解企业融资约束，显著推进企业的数字化转型进程，且对竞争激烈、创新水平高、成熟的企业的促进作用更加显著。王柯懿等[204]从数据支撑、数据汇集、新模式应用、服务创新、可持续发展五个方面建立了工业互联网平台赋能能力与制造业数字化转型对应关系的评价体系。郑勇华等[206]基于吸收能力理论，从平台数据赋能的角度论述工业互联网平台对制造业企业数字化转型的调节作用。工业互联网平台赋能制造业企业数字化转型，能够有效实现供应链、价值链、服务链的融合发展[207]，实现价值共创[201]。

虽然现有文献对于工业互联网平台赋能企业数字化转型的结果普遍认可，但是对赋能的方式缺乏深入的研究。鉴于此，本章聚焦于"工业互联网平台如何赋能企业数字化转型"这一问题展开研究。

4.2.1　研究方法

本研究采用多案例研究法，主要理由如下。首先，对比理论分析与实证研究，采用案例分析能更好地回答"如何"赋能的问题，同时多个案例的对比分析也进一步增加了研究的广度和深度。其次，工业互联网企业平台化是我国近年来工业领域的新发展方向，其发展历程较短，且涉及的工业细分领域较多，许多大企业根据自身经验及资源探索形成不同的赋能机制，不同的企业形成的模式不同，市场上的赋能模式尚未发展成熟，在此背景下，采用多案例研究法能较好地剖析目前我国平台赋能的模式。本研究通过案例比较实现对同一经济现象相互补充，有助于获得更加充分的信息，形成普适性的结论。

4.2.2　案例选择

根据中国工业互联网研究院发布的《中国工业互联网平台创新发展报告》，截至2022年底，全国具有影响力的工业互联网平台超过240家，重点平台连接设备超过8100万台（套），我国工业互联网平台建设取得积极进展。在众多的工业互联网研究案例中，本章以广州致景信息科技有限公司（下文简称"致景科技"）、东莞盟大集团有限公司（下文简称"盟大集团"）以及SHEIN作为研究对象。所选企业满足以下标准。首先，所选企业均成立十年左右，它们在各自所在领域具有广泛的影响力。其中，致景科技成立于2013年，连续两年（2020—2021年）进入全球独角兽企业榜单；盟大集团于2011年成立，2018年获工业和信息化部"量化融合管理体系评定证书"；SHEIN于2012年成立，2022年被评为"全球第五大独角兽企业"。其次，所选企业在适应市场趋势方面表现出色，能够积极拥抱新技术，并搭建工业互联网平台，实现自身转型的同时赋能其他企业的数字化发展。例如，致景科技是纺织行业中枢平台企业，盟大集团建立了塑化行业领先的工业互联网平台，SHEIN拥有全产业链的服装生产管理体系。因此，选取以上企业作为多案例研究对象是合理的，它们的成功经验和实践对其他企业的数字化转型和发展具有重要的借鉴意义。

4.2.3 数据来源

本章数据主要包括一手数据和二手数据，具体说明如下。

一手数据主要来源于实地调研，以及针对研究主题与企业相关人员的多次座谈交流。实地调研可以深入了解企业的数字化转型过程、工业互联网平台建设实际情况以及所面临的挑战和企业的解决方案。这种方式确保了研究数据的原始性和准确性。

二手数据的收集方式涉及以下几个渠道。**一是企业官方网站**，通过浏览企业官方网站，收集企业公开发表的资讯信息，包括企业数字化转型战略、所建设平台的情况、数字化应用案例等，为案例研究收集了补充和背景信息。**二是媒体报道**，收集权威媒体对所选企业的工业互联网平台建设情况的相关报道。收集的报道主要来自经过审查和验证的权威媒体，其可以提供关于企业转型的第三方观测和评价。**三是文献数据库**，在权威的文献数据库检索与本章研究主题和企业相关的文献及案例资料，包括学术论文、行业报告等，为研究提供理论支撑。

一手数据和二手数据互为补充，可以有效避免案例研究中的信息偏差，为案例分析提供全面的数据支持。同时，数据来源的多样性也有助于从不同的角度深入了解平台赋能企业数字化转型的模式。

本研究拟就选取的案例进行概况介绍，进而概括归纳出不同的平台赋能企业数字化转型的模式，从不同的分析维度进行平台模式的比较，总结不同的赋能模式对企业数字化转型的影响。

4.3　案例研究与发现

4.3.1　平台提供者以技术赋能平台参与者数字化转型——致景科技

（1）致景科技的平台建设

致景科技成立于 2013 年 12 月，是一家知名的纺织产业互联网企业，同时也是国家高新技术企业。最初，致景科技打造了典型的"百布"平台，通过结合大数据与物联网技术，构建了一个纺织行业的布料交易平台，帮助用户快速识别面料，实现线上找布和买布。但是由于纺织品的品质不一等问题，"百布"平台的建设遇到了瓶颈。针对发展的痛点，致景科技转向了改造产业链，将改造的重心转向了上游的织布厂，并推出了"飞梭智纺"工业互联网平台。通过该平台，致景科技实现了对上游企业的数字化改造。其具体措施包括给服装企业装上人工智能互联网、企业资源计划系统、传感器等先进设备，从而极大提升了企业生产的布料质量以及生产效率。

（2）技术赋能

致景科技打造的数字化系统的基础设施由数字化平台、纺织大脑以及技术支撑组成（见图 4.1）。其中，数字化平台由生产智造、产业链协同以及智能设备三大板块组成，集成了多种数字技术，为企业数字化转型提供技术支持。纺织大脑是致景科技为纺织行业企业提供的定制化解决方案，通过智能化的数据分析与管理系统，可以监控、优化纺织的生产过程，从而智能排产，实现降本增效。此外，纺织大脑可以通过收集到的数据，进行分析和预测，展开产品营销推广，为企业了解市场行情、政府制定政策提供参考。技术支撑指的是致景科技所采用的各种技术和工具，以实现数字化系统的数据采集、设备运行和维护。

此外，"飞梭智纺"的基本架构由智能设备层、数据层、企业层以及行业层组成（见图 4.2）。智能设备层是"飞梭智纺"的基础层，涵盖了各类智能设备和传感器。设备可以实时监测生产过程中的各项数据，如温度、湿度、压力等，并通过物联网技术将采集的数据传输到平台进行处理和分析。数据层是"飞梭智纺"的核心层，包括SaaS层、PaaS层、大数据层、物联网平台和边缘层等技术架构。技术构成了一个高效的数据连接和处理平台，其可以集中处理来自智能设备层的数据，并进行大数据分析和智能化处理。企业层是"飞梭智纺"的管理层，涵盖了纺纱、织布、印染、销售等产

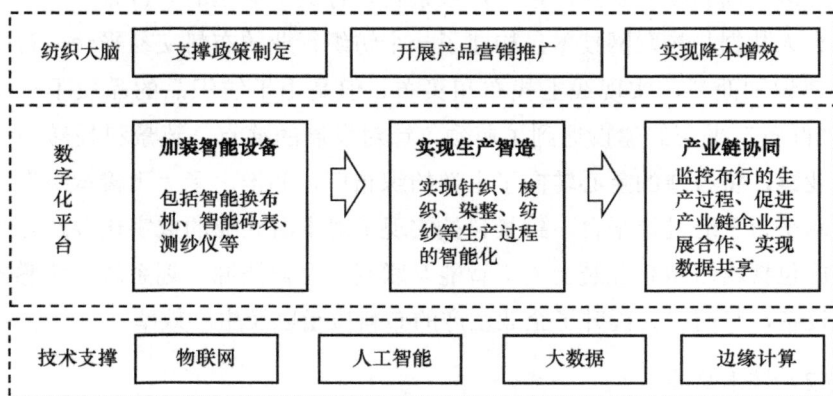

图4.1　致景科技数字化系统的基础设施

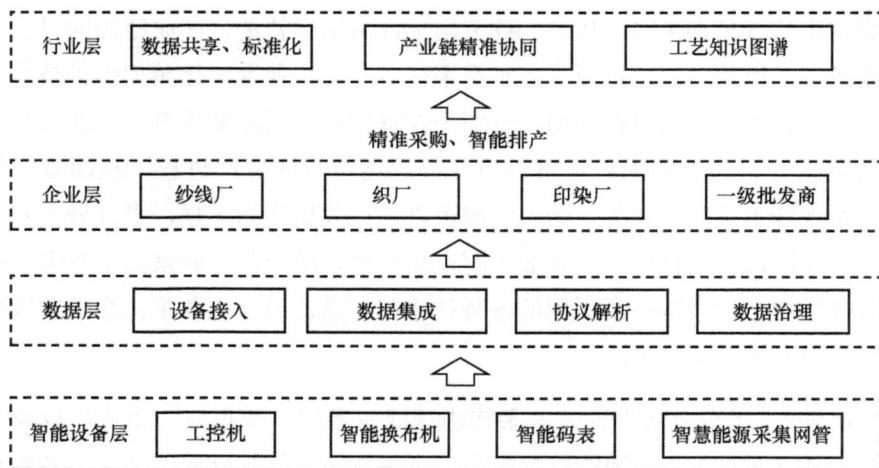

图4.2　"飞梭智纺"的基本架构

业链核心节点。在企业层，各个环节的数据被汇集、处理和连接，实现数字化和智能化的生产过程。此外，通过大数据和智能分析，企业层能够实现精准预测、集中采购、产能共享、多渠道下单等，提高生产管理效率，同时减少原料库存和缩短生产周期。行业层是"飞梭智纺"的更高级别的层次，贯穿产业链的上下游，推动整个产业链的数字化升级。

依托在纺织行业的深厚积累，"飞梭智纺"赋能供应链上下游的企业生产制造，全面打通纺织行业的信息流、物流、商流，赋能纺织、染整等多个产业链环节。致景科技通过构建纺织服装纵向一体化的数智化综合服务平台，推动产业链数智化转型。根据致景科技2023年公布的数据，目前"飞梭智纺"已经服务织厂超过9000家，累计接入织机超60万台，覆盖行业90%的主力织造机器。2022年，中国产业互联网发展联盟公布《2021年度产业互联网创新解决方案》征集活动名单，致景科技提报的《基于"飞梭智纺"工业互联网的纺织产业数字化解决方案》凭借在产业中的代表性、标志性以及可复制性，获评优秀解决方案。

（3）技术赋能的具体表现

技术赋能是目前平台赋能企业发展常用的方式。由于传统企业的生产数据难以被实时观测和记录，企业难以挖掘数据的价值，做出的决策很有可能是滞后的，这会造成产能的浪费。工业互联网平台通过将先进的技术应用于企业的生产和运营过程，可以实现实时观测和记录企业的生产数据，从而提高数据的价值，帮助企业做出及时、准确的决策。

生产过程方面。 传统企业面临着生产数据分散的问题，这导致数据的整合和提取变得困难，传统企业无法及时获得全面的数据视图而导致决策滞后，这可能造成产能的浪费和效率的降低。而平台借助大数据、云计算、物联网等新一代信息技术开发企业数字化系统，为企业提供了一种解决方案。通过传感器、摄像头将企业的机器与系统连接，平台可以实时采集机器的数据，将生产流程数据化，打开生产"黑箱"，实现生产技术的创新。另外，平台企业将海量的数据汇总，通过算法对数据进行价值挖掘之后，在数智化系统上形成可视化操控面板，以便及时发现机器作业异常，助力服务企业对整个生产系统进行管控，以智能化生产优化生产工艺，并实现远程操作机器，及时做出相应调整和决策，提质增效。这种及时反馈使得服务企业能够更加灵活高效地运作。平台的数据驱动决策和及时反馈，助力企业对整个生产系统进行精准管控，从而实现更加智能化和高效的生产运作。平台对企业的技术赋能，给服务企业带来了新的发展机遇和技术优势。

供应链方面。"小单快反"是纺织行业典型的供应链模式。随着个性化定制的需求增加以及订单量减少，传统的批量生产模式已经无法满足目前的需求。此外，传统的服装制作从打板到交货可能需要几个月的时间，这明显与目前消费者快速交付的需求不符。因此，纺织行业的供应链需要实现"快反"。为了满足纺织行业的需求，致景科技通过与产业链上下游的企业共享数据和供求信息，建立标准化的布料信息库，赋予企业信息决策能力和商业洞察力。通过平台进行的信息交流有助于提升供应链的稳定性，同时实现整个产业链的柔性化生产。企业能够更加灵活地根据需求进行生产，快速响应市场变化，实现快速交付和个性化定制。平台还通过物联网和区块链等技术来追踪和管理供应链中的物料流动，提升供应链的可见性和透明度。通过技术手段做到优化库存管理和供应链协同，企业能够更加精准地控制库存，减少库存积压和资金占用，提高资金的利用效率。

总体来说，平台对企业的技术赋能体现在数据的采集与分析、实时监控和远程控制、智能化决策支持、供应链协同和优化，以及数字化生产管理等方面。技术赋能使得企业能够更加智能化、高效化地运营，提升竞争力和市场应变能力。可见，平台的技术赋能是企业数字化转型的重要路径。

4.3.2 平台提供者以数据标准赋能平台参与者数字化转型——盟大集团

（1）盟大集团的平台建设

盟大集团是一家专注于产业融合发展服务的国家高新技术企业。目前盟大集团搭建了以交易为核心、线上线下一体化的产业数字科技服务平台——环球塑化和大易有塑。依托平台，盟大集团提供产业大数据、供求匹配、数字营销、智能采销、智能仓配以及产业链金融等产业融合发展服务。作为塑化产业的平台企业，盟大集团也在技术上赋能产业链上下游的企业，以实现协同发展。盟大集团赋能企业更为典型的方式体现在产业大数据服务方面。盟大集团注意到产品从生产到销售整个过程的可溯源的需求尚未得到满足，创新发展塑化产业二级节点标识解析体系，并取得了一定的成就。

（2）盟大集团企业标识解析体系的建设

在传统的生产环节中，信息流动受限，企业难以追踪产品的生产流程和状态，出现信息孤岛等现象。然而，产品溯源对于确保原材料的质量、追踪生产过程中的每一个环节，以及为消费者提供可信赖的产品信息等方面具有重要作用。

为满足企业对产品、设备、订单等资源要素的精细化、颗粒化的标识需求，盟大集团开展一物一码或一批一码的标识解析体系建设。标识解析体系通过实时采集数据，为每个产品或者产品批次设置独特的标识码，记录和存储与该产品相关的重要信息，包括产品原材料来源、生产设备信息、生产过程中的质量检验数据、加工数据以及生产时间等详细信息，涵盖生产、制造、管理、销售过程，具有多重价值。标识解析体系为盟大集团和其他的利益相关者提供有价值的信息资源，例如当产品出现质量问题时，其可以快速定位问题来源及原因，并迅速采取相应的措施，降低不良率并提升产品质量。同时，消费者也能够从标识解析体系中获益。通过扫描产品标识码，消费者能够访问产品详细的生产信息，增加对产品的信任感。这种透明性促进了消费者更深入地了解产品的来源和质量，为其做出购物决策提供了更多的依据。

总之，标识解析体系的引入为企业提供了更加全面、准确的产品全生命周期信息，强化了对生产过程的监控和质量保障。同时，这也为企业、利益相关者提供了更多信任保障，助力形成更加可持续和稳定的产业生态。同时，标识解析体系建设会产生海量数据，为数字经济繁荣发展提供关键要素。盟大集团的标识解析体系如图4.3所示。

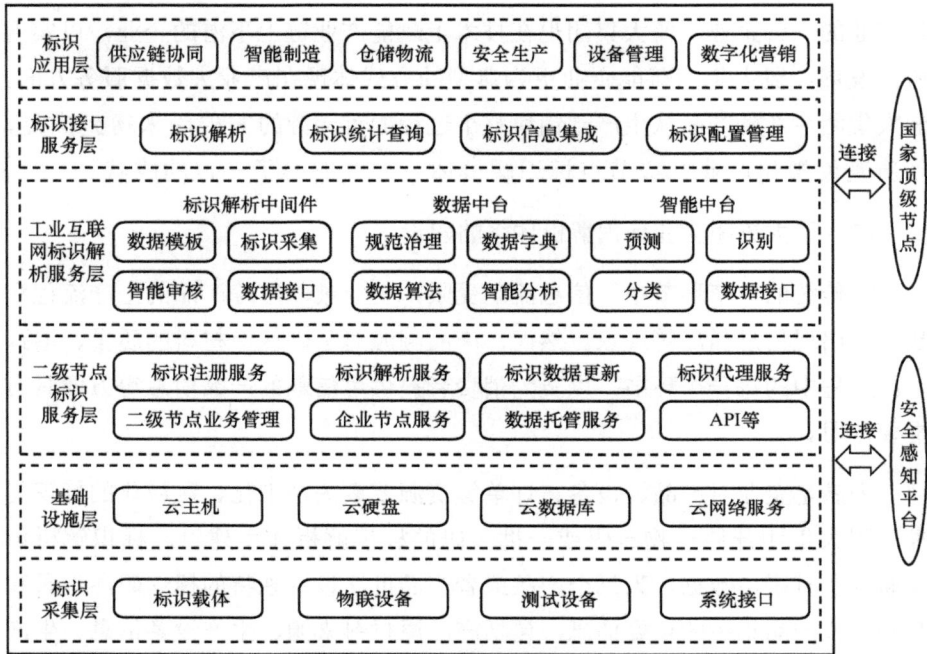

图4.3 盟大集团的标识解析体系

盟大集团的标识解析体系包括标识采集层、基础设施层、二级节点标识服务层、工业互联网标识解析服务层、标识接口服务层以及标识应用层。标识解析体系把各层次连接起来，并最终与国家顶级节点、安全感知平台相连，构建了一个完整的标识管理和应用系统。盟大集团标识解析体系各层次的具体功能如表4.1所示。

（3）数据标准赋能

数据共享是发挥工业数据价值，实现工业互联网创新发展的关键数字技术支撑[208]。随着工业数据的爆发式增长，企业需要新的数据管理工具，而信息技术的发展推动使能工具走向成熟。工业互联网标识解析体系（见

图4.4）经验证能很好地串联多个不同流程环节的信息系统，提升了数据的复用性。我国的工业互联网标识解析体系建设分为根节点、国家顶级节点、二级节点、企业节点、公共递归节点五级。目前我国已经在武汉、北京、上海、广州、重庆5个城市建设国家顶级节点，企业建设的节点主要是二级节点，其与国家顶级节点串联，实现信息互通。

表4.1　盟大集团标识解析体系各层次的具体功能

层次	具体功能
标识采集层	负责实时获取产品生产、设备运作等数据，借助传感器、监测设备等工具，将关键信息传递到系统中
基础设施层	提供运行所需的硬件支持，包括云主机、云硬盘、云数据库以及云网络服务，确保数据的安全传输和存储
二级节点标识服务层	管理各节点的标识信息，为每个产品或产品批次分配唯一的标识码，确保数据的准确性和独特性
工业互联网标识解析服务层	解析和处理采集到的数据，将其与相关组件关联，形成完整的生产过程数据
标识接口服务层	提供统计查询和信息集成等功能，推进不同组件和层次的数据交互，确保信息的传递和共享
标识应用层	为企业和相关利益者提供价值，通过监控和分析数据，实现产品追溯、质量控制等功能

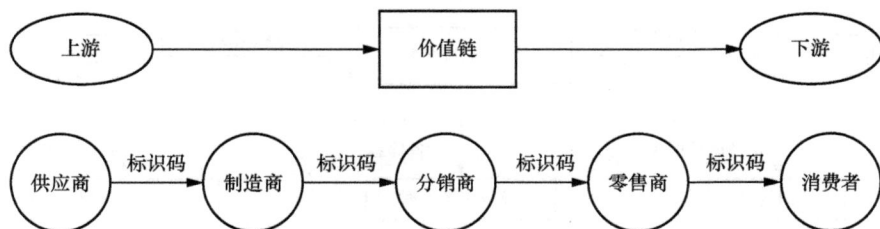

图4.4　工业互联网标识解析体系

　　由于数据是企业的战略性资产，大部分企业不愿意与其他企业共享生产信息，这导致了行业生产"黑箱"现象。标识解析体系通过对从供应商到制造商、分销商、零售商，再到消费者的整个过程实现一码到底，节省了大量的信息沟通成本。企业通过建立一个可靠有效的数据共享平台，实现数据资源的汇集和共享，有效促进跨行业、跨地域、跨时空的数据资源汇集，加速自身的数字化转型。同时，标识解析体系还能够有效实现产品防伪、质量溯源等多种营销管理功能，提高产品质量管理能力。企业通过真实、及时、准确、有效地记录生产过程中的信息，实现产品信息全程的可记录、可追溯、可管控、可召回以及可查询，解决信息化过程中的信息孤岛难题，实现信息的全面管理和共享，从而助力个性化定制和个性化生产。

（4）数据标准赋能的具体表现

数字连接智能化。企业打造传统的信息系统需多次考虑计算机硬件和软件供应商的接口适配程度，各个信息系统交互困难，协同效率低下。而标识解析体系通过规范数据交互方式，打通各类工业软件，实现数据的互联互通。作为数据传输和转换的中间平台，标识解析体系使各个信息系统的数据按照规定的数据交互方式进行通信，省去接口适配环节，并且用低系统集成成本实现数据互联互通互用，具体如图4.5所示。

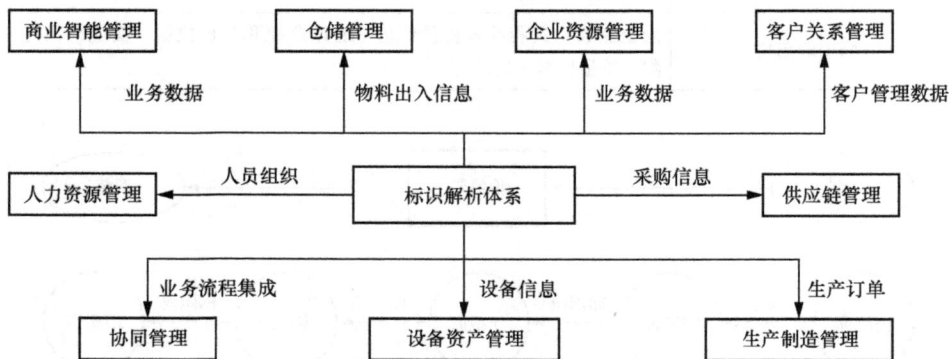

图4.5　标识解析体系下的数字连接智能化

产销一体化。通过为产品赋予独特的标识码，标识解析体系实现对整个产品生命周期中各个环节的数据的互联和管理。统一的标识码使得企业和客户能够追溯产品的流转过程——包括产品的设计、生产、运输、销售等各个环节，实现全程的数据互通，为产销一体化提供了强大的技术支持。此外，标识解析体系可以跨越不同区域、不同管理人员以及不同的数据标准的结构，实现对产品全生命周期的管理。

产业链协同。产业链统一的编码体系和解析体系，为开展数据共享和标准化工作打下了良好的基础，并提升了信息共享过程的安全性。标识解析体系使整个产业链上不同企业采用统一的编码方式存储产品、设备和订单等相关数据，各类数据在供应链上更容易被识别和匹配，这有助于加强企业之间的信息交流以及各个环节的协同合作。同时，标识解析体系的搭建能够提高产业链数据流通过程的安全性。在数据的流通管理上，标识解析体系采用了功能权限和数据权限双重验证方式，确保只有具备相应权限的人员才能访问和处理相关数据。这种验证方式能够有效防止未授权的数据访问，保障数据的安全性和完整性，维护企业和客户的数据利益。

总体来说，标识解析体系是企业数字化转型的重要一环，它不仅实现了生产、管理、销售等数据流通的透明化和可操控，同时为企业提供了强大的数据支持和管理手段，促进了行业间的数据交流与共享，为企业的数字化转型带来了更多的机遇和优势。

4.3.3　平台提供者以质量管理赋能平台参与者数字化转型——SHEIN

（1）SHEIN 的平台建设

SHEIN 成立于2012年，是一家快时尚电子商务企业，主要经营跨境女装，其销售市场均在国外。早期的SHEIN和其他的服装品牌一样，通过供应商购进服装并销售。但随着规模逐渐扩大以及用户需求的多变，SHEIN开始定制能够服务自身发展的柔性供应链管理平台。与一般的品牌不同，SHEIN的商业模式是"快时尚"，其需要做到提前预测市场的流行趋势，以最低的成本实现快速上新，以此实现利润最大化。SHEIN旨在小批量、高频率地响应市场的需求，并借助小单测试实现低库存或者零库存，这对于一般的服装品牌来说是难以做到的。而SHEIN凭借对供应链的把控以及营销运营，对用户形成了长期的吸引力。就目前的发展来看，SHEIN已经从2012年的一家小企业成为整个快时尚商业领域不可忽视的巨头，其按需生产的柔性供应链管理平台被公认为其核心竞争力之一。

需要注意的是，SHEIN作为工业互联网平台提供者扮演着多重角色。它既与供应商合作进行订单生成，同时为供应商提供质量管理等方面的支持，也作为产品的提供者，将产品最终销售给用户。因此，SHEIN的商业模式涵盖了生产端和消费端的业务。然而，本研究将主要关注SHEIN在生产端如何赋能供应商，以及分析SHEIN与供应商之间的价值共创关系，以深入剖析工业互联网平台的这一赋能方式。

（2）质量管理赋能

在质量管理方面，SHEIN采用了一套复杂但高效的策略。通过建立工业互联网平台连接供应链各环节，SHEIN实现了与供应商协同生产和数据共享。这不仅使得SHEIN与供应商更加紧密地合作，以满足市场的需求，也使得SHEIN能够实时监控生产过程并迅速做出改进，以适应市场需求的变化。通过平台的精细化管理，SHEIN能够控制生产成本，实时监测生产过程中的资源利用情况，并采取措施来提高资源利用效率。同时，平台的可视化功能使得SHEIN能够追溯每个产品的制造历程，这对于质量问题的追踪和解决有重要作用。这一全面的质量管理策略有助于SHEIN提高产品质量、降低成本、加强供应链合作，并在竞争激烈的快时尚市场中保持竞争力。

平台赋能SHEIN完成产品从需求的产生到交货的全过程的跟踪，通过信息传递完成对从订单产生到产品制造完成的整个生产过程的优化管理，同时控制了产品的质量。SHEIN通过平台实现质量管理的过程如图4.6所示。

与前两个赋能模式不同，质量管理赋能实现了SHEIN与其供应商的价值共创。一方面，对于SHEIN来说，平台实现了其与供应商的实时数据共享，提升了供应商管理的有效性。SHEIN 的商业模式要求供应商具备较强的供货能力，以应对小订单和紧迫交货期的挑战，通过平台上的数据对供应商的性能进行评估，SHEIN 可以选择合适的供应商，以满足其生产需求。另外，由于质量管理的优化，SHEIN 能够更快速地将新产品推向市场，更好地满足快速变化的用户需求。

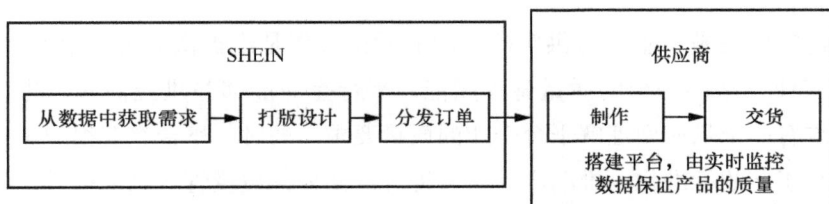

图 4.6　SHEIN 通过平台实现质量管理的过程

　　另一方面，对于供应商来说，其面临着独特的供货要求，传统的供应商很难达到供货能力标准。为了维护供应链的稳定，SHEIN 对其供应商采取了多种质量管理赋能措施，如技术赋能、员工培训、技能提升计划、设施增强等，旨在确保供应商具有较强的供货能力。此外，SHEIN 还主动为供应商提供补贴资金，同时为产品质量优秀的供应商设置了绩效奖励，以确保供应商不会亏本，从而维护整体供应链的稳定性。供货商在此过程中以较低的成本实现了数字化升级。同时，平台实现了生产进度和订单的实时可视化，供应商实现了数字化管理生产，可以避免出现生产过剩或不足的情况。此外，借助 SHEIN 对市场的需求预测结果，供应商可以获得有关市场需求和趋势的实时信息，从而降低囤积成本。

　　这种双向的合作方式增强了供应商的数字化能力，同时也提升了整个供应链的灵活性和适应性，使工业互联网平台企业能够更好地应对市场变化并满足用户的需求。

　　（3）质量管理赋能的具体表现

　　技术赋能实现质量管理。质量管理赋能是建立在技术赋能之上的，工业互联网平台利用技术工具赋能企业进一步提升质量管理能力。通过技术赋能，企业获得了以数据支持决策的能力，进而将这些数据用于质量决策，以便预测、预防和解决质量问题，实现质量管理赋能。技术赋能通过数字化流程、快速反应和供应链协同，实现了生产过程的优化和质量标准的保证。综合而言，质量管理赋能是技术赋能的自然延伸，它增强了质量管理的智能性、快速响应性和协同性，从而提高产品质量、生产效率和市场竞争力。

稳定供应链。企业与供应商之间的紧密合作是维护供应链稳定的基础。通过工业互联网平台的质量管理赋能，平台企业能够与供应商共享生产数据，这有助于供应商理解平台企业的质量要求。同时，平台企业得益于使用材料和工艺的标准化，推动产品质量提升。此外，质量管理赋能提升了供应商的生产流程的数字化和自动化水平，提升了供应商的生产效率。高效生产有助于确保产品按时生产并交付，防止供不应求或者供过于求的情况出现，维护了供应链的稳定。

供应链协同优化。质量管理赋能要求上中下游的企业协同合作，涉及上游原材料的稳定供应、中游制造端的高效产能，以及下游品牌端和销售端的及时数据反馈等方面，上中下游的协同最终助力工业互联网平台企业实现了"以销定产"的柔性生产模式。这种优化战略有助于企业降低风险，提高产品质量，减少成本，提高用户满意度，从而在竞争激烈的市场中获得竞争优势。这对于供应链管理和整体产业生态系统的稳定都具有重要意义。

总之，工业互联网平台通过质量管理赋能企业提升产品质量，并且赋能供应链上下游的企业数字化转型，使其以更加灵活和高效的方式满足用户的需求。

4.3.4　平台提供者对平台参与者数字化转型赋能模式的跨案例研究

综上可知，我国工业互联网平台对制造企业数字化转型的赋能模式主要有三种，它们分别是技术赋能、数据标准赋能以及质量管理赋能。

（1）技术赋能

工业互联网平台通过提供先进的技术基础设施和解决方案，帮助企业实现数字化转型，相关技术包括5G、物联网、云计算、大数据分析、人工智能等。工业互联网平台通过将生产设备、传感器和其他关键元素连接起来，实现对设备的实时监控、分析和优化，从而提高企业的生产效率、降低成本、优化供应链和物流管理。

（2）数据标准赋能

工业互联网平台通过建立标识解析体系，实现对产品、物理资产等的全生命周期管理。数据标准赋能使得企业能够更好地管理和追溯产品的生产过程、运输路径、存储条件等关键信息，提高企业的产品数据管理水平，为企业进一步构建数字化生态系统提供数据支撑。

（3）质量管理赋能

工业互联网平台通过数据采集和分析以及对全生产流程的管控，实现对生产过程中各个环节的监控和追溯，进而实现全面的质量管理。通过数据驱动的质量控制，工业互联网平台可以更加精确地识别潜在问题，实时调整生产流程，确保产品符合质量标准。

4.4　理论贡献与实践建议

4.4.1　理论贡献

（1）丰富关于平台赋能和企业数字化转型的研究

现有关于平台生态系统的文献很少从平台的角度分析平台赋能企业数字化转型的模式。本章从多案例比较的角度，基于调研所得的数据分析不同的平台赋能企业数字化转型的模式。相较于理论分析，案例分析更能深入探究平台赋能的具体过程和效果，这丰富了对平台生态系统的研究，为深入理解平台赋能和数字化转型提供了新的视角，能帮助企业更好地了解数字化转型中平台的作用。

（2）为企业借力平台实现依附式升级提供参考

很多企业虽然有数字化的需求，但对于平台赋能的潜力和机会缺乏了解。本章通过分析不同的案例，介绍了平台赋能的不同模式和效果，有助于企业更好地了解平台的作用和影响。这对于企业理解平台赋能的重要性，并提升借助平台实现依附式升级的积极性具有重要意义。

（3）丰富了企业数字化转型的研究视角

数字化转型是中小企业面临的重要挑战，很多中小企业面临转型困难的问题，对引进数字技术有一定的抵触情绪。本章从多案例比较的角度探讨了平台助力企业数字化转型的模式，为有关企业数字化转型的研究提供了新的视角。通过这些案例，企业可以更好地理解和借鉴平台助力数字化转型的经验和实践，从而加快自身的数字化转型进程。

4.4.2　实践建议

本章的实践建议强调了企业在数字化转型过程中的关键步伐。

一是积极拥抱工业互联网平台。企业应积极拥抱工业互联网平台的先进技术支持，将其纳入企业的发展战略。这将有助于企业提升数字化能力、优化生产流程，从而在市场竞争中获得更大优势。

二是重视数据标准化。建立统一的标识解析体系可以促进不同环节和不同企业之间的数据共享和交流。企业积极参与标识解析体系共建，可以有效实现信息传递，从而进一步挖掘相关数据的价值。

三是利用工业互联网平台实现产品质量的提升。工业互联网平台具备对产品全生命周期进行监控与管理的能力。企业利用平台监控产品的生产过程，与上下游的合作企业实现信息共享，从而提升产品质量和用户满意度。

4.5 小结

数字化转型已经成为企业获取竞争优势的必然选择，特别是在日新月异的数字化时代。在平台生态中，企业无论是作为平台提供者还是平台参与者，都能在一定程度上推动自身的数字化转型进程。企业需要对平台的赋能模式有较为清晰的认识，以充分利用平台推动整个生态的数字化转型。本章基于现有的研究空白，结合一手和二手数据，将目前平台提供者赋能平台参与者数字化转型的模式分为三种——分别是技术赋能、数据标准赋能以及质量管理赋能，并深入分析三种赋能模式在提升企业数字化能力方面的具体表现。这些赋能模式为企业提供了具体的实践指南，帮助企业制定旨在与平台融合发展的数字化转型策略，从而实现更高效的生产、更精准的决策和具备更强大的竞争力。

通过技术赋能，平台参与者能够借助平台的先进技术，实现生产流程的自动化和数字化，从而提高生产效率和供应链协同水平。数据标准赋能有助于确保数据的一致性和可比性，使平台参与者更好地利用数据进行决策分析和预测，同时保证后续的产品溯源以及问题产品追回等。而质量管理赋能则强调质量控制和监督的重要性，通过平台的数字化工具和标准化流程，帮助平台参与者提升产品质量和管理水平。

总之，平台在企业数字化转型中扮演着重要角色。通过技术赋能、数据标准赋能和质量管理赋能，平台参与者能够实现生产效率、决策制定的精确性、数据共享的畅通度以及产品质量的提升。本章的研究内容以及研究结果为平台提供者赋能平台参与者数字化转型提供了一定的参考。

第5章 平台准入政策与数字化转型——以互联网医疗平台为例

拥有平台提供者是平台模式的核心特征。相较于其他行业，平台经济在医疗行业发展得较为缓慢，其中，平台的准入限制是影响互联网医疗平台发展的重要因素。根据平台提供者的不同，互联网医疗平台有医疗机构、互联网企业和地方政府三种平台模式。平台提供者在执行准入政策的过程中，既可以直接决定平台模式的建立与形成，又可以通过平台参与者间接影响平台模式的可持续发展。作为政府规制的一种，准入政策如何影响互联网医疗平台模式的形成与发展？与这一问题有关的研究在当前学界相对较少。本章主要内容是应用政策执行的互适理论模型研究准入政策对不同平台模式的影响机制。

5.1 互联网医疗平台成为医疗行业转型的重要方式

在人口老龄化、数字技术迅猛发展等诸多因素的影响下，互联网医疗迅速发展[209-213]。目前，广义的互联网医疗至少包括诊断和治疗、护理、医疗流通等层面[214,215]。狭义的互联网医疗主要是指互联网诊断和治疗服务。本章主要针对的是狭义的互联网医疗。

互联网医疗是一种典型的平台经济形式，在平台中，供方是医生，需方是患者，而移动应用或PC端网页就是平台。从前面的内容中我们知道，平台聚集了大量供方和需方，具有规模效应和网络效应，还具备跨群网络正外部性，即平台一方用户的增加会引发另一方的用户相应增加[108,109,216,217]。然而，作为一种高度管制的行业，互联网医疗的发展深受准入政策的影响[218-220]。由于医疗关乎人命，同时涉及法律责任和伦理问题，很多国家对其都实行严格的准入政策[221-223]。其中最关键的一项，就是限定平台建立者必须为医院。患者有强烈的需求，医生也有灵活执业的选择，可见互联网医疗平台存在较大的市场空间，但是医院不一定有能力和兴趣去建立和运营平台，其他市场主体想进入却很难获得准入资格。虽然近年来国家层面一直在鼓励互联网医疗的发展，宁夏、海南等地也取得了试点突破，但准入政策仍是行业发展的关键瓶颈。

另外，准入政策对于平台模式的组织形式同样有重要影响[224]。在互联网医疗这个受到强监管的行业，准入政策对其的影响尤为突出[219,225]。目前，在中国、美国、欧洲各国以及其他互联网医疗发展较快的国家，不同的准入政策作用下产生了不同的平台模式，这种政治经济现象或者说是社会经济现象值得我们深思和研究。

目前，关于中国互联网医疗平台的研究很多，但总结平台模式的研究却很少。更重要的是，虽然平台已经被广泛应用[226]，而且很多研究指出平台的发展具备良好的前景[108,117,224]，但互联网医疗平台发展的痛点仍然没有得到解决，只有较少的研究指出准入政策和互联网医疗平台模式之间的关系。因此，本章采用多案例分析方法，基于政策执行的互适理论模型来进一步研究与分析中国互联网医疗平台存在的模式以及准入政策影响平台模式发展的机制。

5.2　当前互联网医疗的研究进展

远程放射学和远程精神病学是最早的互联网医疗应用[227]。现代互联网医疗的时代始于1968年，当时美国的一家具有多专科互联网医疗实践经验的医院[228]——马萨诸塞州综合医院（MGH），是美国第一家为洛根国际机场的旅客和机场工作人员提供互联网医疗临床检查的医院。在接下来的十年里，超过1000名患者通过MGH的服务接受了互联网医疗临床检查。但是出于技术成本高、图像质量差、缺乏用户使用，以及无法将互联网医疗与主流医疗服务结合起来等原因，这些项目大多在1980年之前消失了，以至于互联网医疗活动中断了约十年[227,228]。直到20世纪90年代中期，由于互联网的快速发展，基于互联网的医疗才再次被视为解决医疗服务获取和质量问题的相关方案[229]。互联网医疗能够为患者和医护人员降低成本和节省时间，因此也引起了医疗界的兴趣[230,231]。近年来，对新成立的互联网医疗服务企业的投资急剧增加。数以千计的医院正在将某些空白服务（如远程放射学服务系统）和紧急服务（如远程中风治疗服务）进行外包[232]。

在中国，互联网医疗始于20世纪80年代中期。中国早期的互联网医疗活动主要是基于存储转发技术，由于缺乏所需的电信基础设施，实时互联网医疗并没有得到应用[233]。直到21世纪初，中国早期的互联网医疗仍主要集中在大型医疗机构之间的国际合作示范上[234]，如第一次基于互联网的中美远程医疗会诊[235]。21世纪初，中国政府和医疗机构认识到互联网医疗的潜在价值，开始投资互联网医疗项目。随后，相关机构搭建了覆盖多个城市和地区的互联网医疗服务网络[234]。进入2010年，随着中国信息通信技术的快速发展和普及，互联网医疗的发展也进入了快车道，由此诞生了很多新平台和新模式。

与平台相关的研究日趋成熟[236]，关于不同行业平台类型的文献也有很多[226]。然而，关于特定行业的平台模式的研究却很少。

5.3　准入政策如何影响互联网医疗平台的发展

准入限制对于经济和社会发展以及市场结构的形成至关重要。当市场对进入主体取消准入限制时，其所产生的人力和经济成本有时是无法弥补的[237]。但是，职业准入也给求职者和未来潜在的企业家带来实质性的困难[238]。简化准入条款是促进企业活动并通过增加就业机会和降低价格使需求者福利增加的一项有效的政策[239]。然而有研究指出，更多的准入条款不一定会带来更有竞争力的经济产出[240]。

5.3.1　多案例研究法

针对当前互联网医疗平台的发展模式，研究采用的是多案例研究法。案例研究是一种在自然环境中探索某种现象的方法，通过利用一系列的方法来获得更多深入的数据[241]。Creswell J W[242]认为，案例研究专注于一个单一的主题，可以使用不同的数据收集方法来获得数据。此外，多个案例可以视为离散的实验，能够作为理论研究的对比和扩展对象[243]。学者们把单案例研究或多案例研究作为从实践迈向理论的一个重要步骤[244,245]。基于上述研究和以往文献[244,246,247]，本研究采用多案例研究法的具体步骤如下。

（1）研究问题聚焦

近年来，随着中国平台经济的迅速发展、互联网医疗平台准入政策的出台与完善，中国互联网医疗平台的提供方呈现实体医院、互联网企业和地方政府并存的局面。基于此，本研究主要研究的问题是：中国的互联网医疗平台存在哪些模式？准入政策是如何影响平台模式的发展的？

（2）案例选择

截至 2022 年上半年，中国已经审批设置 1700 余家互联网医院，初步形成了几种互联网医疗平台模式。在中国众多互联网医疗平台的案例中，根据平台提供者的不同，本研究选取了吉林大学第一医院互联网医院、好大夫在线和浙江省互联网医院平台三个典型平台进行多案例研究。所选案例达到以下标准：①在同类平台提供者中具备典型的代表意义；②对中国互联网医疗的发展具有广泛的影响；③是不同阶段的互联网医疗准入政策下平台发展的代表案例。

本研究将平台提供者作为不同的平台划分标准的理由是：①平台提供者是平台的核心角色，是三个主体（供方、需方、平台提供者）中唯一能够完全访问和控制平台的数据、流程与规则的一方[108]；②平台提供者在平台建设初期至关重要，关乎"鸡和蛋"问题的解决[248]；③平台提供者能够促进平台生态的形成[114,249]。

（3）比较分析

本研究先就选取的案例进行概况介绍，进而概括归纳出不同的平台模式，并从不同的分析维度进行平台模式的比较。分析维度分为一级维度和二级维度，具体内容如表5.1所示。

表5.1　平台模式的分析维度

一级维度		二级维度
平台自身		兴起时间
		功能实现
平台参与者	供方	医生来源
		用户规模
	需方	应用地区
		诊疗费用
平台模式可持续性		供方对平台的使用意愿
		需方对平台的使用意愿
		平台模式可持续性

（4）效度检验

本研究使用美国的互联网医疗案例对所归纳的平台模式和影响机制进行检验。选用美国的案例的原因是中美两国均有庞大的经济体量和人口基数、发达的数字经济环境，并且对于互联网医疗有旺盛的需求，但是美国的互联网医疗准入政策、准入法规探索时间更早，体系相对成熟。中美经济社会发展的相近之处有效控制了效度检验的无关变量，而准入政策发展程度的不同则是效度检验的主要变量。

5.3.2 分析理论依据

本研究应用政策执行的互适理论模型，分析准入政策对平台模式的影响机制。政策执行的互适理论模型是政策执行理论中应用广泛、影响深远的理论，由美国学者 Mclaughlin 在其代表作《互相调适的政策执行》一文中提出[250]，具体内容如图 5.1 所示。政策执行过程本质上就是政策执行者与受影响者之间就目标或手段进行相互调适的互动过程，政策执行有效与否从根本上取决于政策执行者与受影响者之间行为调适的程度。因此，在政策执行的调适模型中，政策执行者一方与受影响者一方发生互动，政策执行的过程就是寻找双方都能接受的调适策略的过程，这个过程也就是政策不断优化的过程。

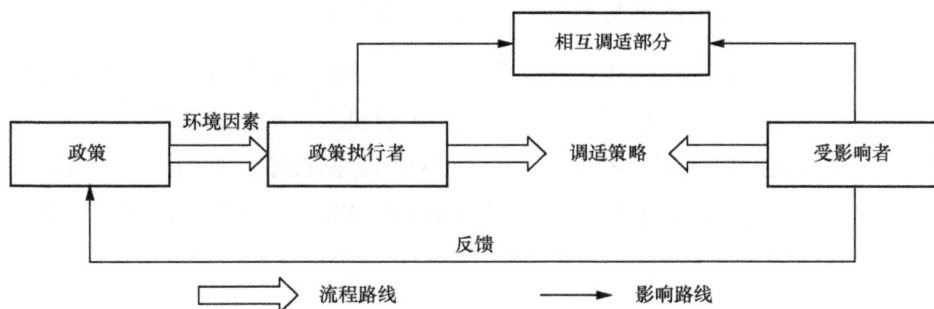

注：
1.环境因素：包括政治环境（行政命令）、经济环境（市场化机制）、社会环境（医疗保险）等。
2.政策执行者：包括依法执行国家公共政策的组织，如地方各级人民政府及其职能部门、事业单位，还可以是某些具体的个人。
3.受影响者：受到政策影响和规范的那一部分社会成员。
4.调试策略：政策执行者与受影响者之间就目标或手段进行相互调适，以期反映双方价值共同点的方法策略。
5.相互调适部分：政策执行者和受影响者之间相互调适而形成的动态和稳定机制。

图 5.1　政策执行的互适理论模型

该理论提出的政策执行的动态观点，与中国互联网医疗准入政策依据国情发展动态完善的特点相契合。同时，政策执行的不同调适模型应用到本研究中就表现为平台模式的发展过程，换言之，准入政策的动态优化促进平台模式不断发展。基于以上初步分析，本研究选用政策执行的互适理论模型在分析准入政策对平台模式的影响机制时具有相对合理性和较强可行性。

5.3.3 数据来源

网络检索。中国互联网医疗准入的相关资料来源较多。在本研究中，我们通过网络检索收集数据，主要包括对国内外学术文献进行检索，同时还检索了法律文本、期刊论文、学位论文、新闻通讯、评论等，并归纳了中国互联网医疗准入政策相关文件（详细内容见附录）。

访谈调研。2020年6月，我们先后访谈了一位互联网医疗企业高管两次，每次访谈时长约为一小时。在该高管的介绍下，又与另外两家互联网医疗企业高管举行了一场座谈会，历时两个半小时，收集了较为全面和可靠的行业新动态和关于发展趋势的数据。我们还通过电话访谈了行业主管部门工作人员，了解主管部门的态度与举措，访谈时长约半小时。

比较分析。研究过程中，我们将中国与其他国家做比较分析，主要是与美国进行比较。美国互联网医疗准入的相关资料主要来自网络检索，包括从美国卫生与公众服务部、各州的卫生主管部门官网搜索相关的法律法规以及政策解读文本等，同时我们也检索了PubMed、Elsevier等相关数据库的学术文献。

5.4 案例分析与发现

由于医疗行业受到严格监管，中国互联网医疗在早期发展中面临一定的限制。2014年，02号文件（见附录）首次开放医疗机构搭建平台向非入院患者提供远程诊疗服务。2018年，05号文件（见附录）对于互联网诊疗活动准入、互联网医院准入和远程医疗服务管理做出了明确规定，有效推进了中国互联网医疗规范化发展。随后出台的相关政策有鼓励发展的，也有加强监管的，总体上给互联网医疗平台提供了发展的机会。政策制定者认可的互联网医疗的发展方向包括在线药物销售到互联网医院、远程诊疗、互联网护理、家庭医生等服务。

5.4.1 案例概况

基于中国互联网医疗平台的发展现状，本节就三类不同的平台提供者，即医疗机构、互联网企业、地方政府，分别选取相对应的案例进行研究分析。

（1）医疗机构作为平台提供者——吉林大学第一医院互联网医院

2020年5月26日，吉林大学第一医院获批吉林省首个互联网医院牌照，获得互联网医院经营资格。吉林大学第一医院互联网医院开诊以来，为患者提供了包括互联网诊疗在内的多种医疗服务，使得患者就医更加方便、快捷和舒适。患者可以通过"吉一通"App、"吉林大学第一医院"微信公众号进行问诊，复诊可以采取在线图文发送或视频互动两种方式进行。互联网诊疗的流程为：医生书写网络门诊电子病历并开出电子处方，经医院药师审核后，患者在线缴费、填写详细信息，到医院药房自取药品。截至2022年5月，吉林大学第一医院互联网医院累计注册用户数达421万，亲情账号达105万个，生成电子票据950万张，门诊预约在300万次以上。2022年5月31日，吉林大学第一医院获评"国家卫生健康委数字健康示范案例"。

（2）互联网企业作为平台提供者——好大夫在线

好大夫在线创立于2006年，已经发展为中国知名的互联网医疗平台之一。其提供了包括图文咨询、电话咨询、远程专家门诊、预约转诊、诊后疾病管理、线上复诊、门诊信息查询和家庭医生等服务。用户可以通过好大夫在线App、PC端网站、微信公众号、微信小程序等多个平台联系医生，实现一站式解决线上服务、线下就诊等各种医疗问题。好大夫在线官方网站公布的数据显示，截至2023年5月，好大夫在线收录全国10 091家正规医院以及905 760余位医生的信息。

（3）地方政府作为平台提供者——浙江省互联网医院平台

浙江省互联网医院平台在国家卫生健康委电子化注册项目组的支持下

嵌入了医疗机构、医师、护士电子注册管理系统，于2019年1月22日正式发布上线，是中国首个实现"服务+监管"一体化的互联网医院平台，也是中国首个全面应用医疗机构、医师、护士电子证照的平台。浙江省卫生健康委员会授权建立该平台，同时要求省内互联网医疗机构加快实现与该平台建立数据接口。该平台具备在线咨询、慢性病复诊、处方开具、药品配送等功能，同时提供居家护理、药事咨询等服务，并持续提升开放能力，打造更广阔的平台生态。首次上线时，平台设在支付宝，而目前也设在微信小程序、浙里办App。截至2021年3月，浙江省互联网医院平台注册用户数达128万，累计服务达1857万次；接入医疗机构768家，备案医务人员6万余名，基本统一了浙江全省互联网医院服务入口。

通过以上案例介绍可以看到，三个分别由不同的平台提供者搭建、主导的互联网医疗平台呈现出了不同的模式特征。中国互联网医疗平台模式的概况如表5.2所示。

表5.2　中国互联网医疗平台模式的概况

模式名称		医疗机构提供	互联网企业提供	地方政府提供
平台自身	提供方	单一医疗机构	互联网企业	地方政府
	功能实现	远程诊疗（常见病、慢性病的随访与复诊）、健康咨询、健康管理	在线挂号、远程问诊（图文问诊、电话问诊、视频问诊）、健康管理	在线咨询、在线复诊、其他咨询服务（在线导诊、预约检查、智能缴费等）
供方	医生来源	机构内部	互联网医院内部	区域内参与医院
需方	用户规模	6.2亿	2.98亿	超过2500万
	应用地区	中国大部分省区市	中国所有地区	率先在河南、天津、山东、福建等地探索落地
	诊疗费用	主要是药物价格，诊疗费用相对偏低；公立医院已经纳入医疗保险	灵活，诊疗费用相对偏高	相对较低，平台均纳入医疗保险

模式名称		医疗机构提供	互联网企业提供	地方政府提供
平台模式可持续性	供方对平台的使用意愿	较弱	较强	较弱
	需方对平台的使用意愿	较强	很强	较强
	平台模式可持续性	较弱	较强	有待考察

5.4.2　案例分析

在问题解决过程中，模式是一种或者几种实现路径或形式，用以克服从目标形式转换到最终状态必须经历的阻碍。如果转换成功，这条路径就是针对该问题的一个可行模式[246,251]。而平台模式指的是依托平台这个基础设施，满足行业特定转换需求，以期提高资源配置和要素流动效率的途径[252]。

目前，互联网医疗在中国发展迅速，越来越多的产业链主体加入互联网医疗平台，包括公立医院、民营医院、区域卫健委、医药企业、保险企业等。在此背景下，厘清中国互联网医疗平台的模式对加深对于该平台的认识、引领其未来发展均具有重要意义。平台提供者主导了中国互联网医疗平台的建立、兴起和发展，本研究将从平台提供者的角度，对中国互联网医疗平台的模式进行归纳研究。

（1）医疗机构作为平台提供者

"医疗机构提供模式"是指单一医疗机构自建互联网医院的模式，即使用本院医疗资源，只在线上接诊，实质上是对实体医疗机构的延伸。这里的"医疗机构"指依据条例和《医疗机构管理条例实施细则》的规定，经登记取得《医疗机构执业许可证》的机构，例如综合医院、社区卫生服务中心、急救中心等，其所有的网上记录都存入互联网医疗监管平台。原则上如果没有监管平台，该省区市就不能授予此类互联网医院准入许可。

　　"医疗机构提供模式"的平台自身具有以下特点。在该模式下，平台提供者是单一医疗机构，与美国多为医疗集团提供互联网医疗平台不同，这一模式是当时中国医疗资源较为分散这一历史条件下的产物。在20世纪末，随着互联网传入中国，互联网医疗已经开始萌芽，因而具有较长时间的发展历程；其兴起是在2015年，随后，中国政府出台了一系列政策（附录03、04号文件等），允许医疗机构建立互联网医疗平台。此后依托中国的大量医疗机构，该模式得以快速发展，平台的功能也日益完善，目前以常见病、慢性病的随访与复诊为主的远程诊疗及其他辅助功能均已实现。"医疗机构提供模式"在中国具有较大的影响力。

　　"医疗机构提供模式"的平台参与者具有以下特点。作为供方的医生来自医疗机构内部。根据相关调研数据，该模式下平台参与者来自公立医院的占比为69.5%，来自民营医院及其他机构的占30.5%。公立医院掌握着医生、设备、场所等核心的医疗服务要素，有着较强的线下服务能力，成为线上服务的重要支撑。民营医院及其他机构的优势在于可以通过互联网医院提供差异化的优质服务，也可以通过合理分配利益激活供给端，为平台知名医生或者多点执业医生打造个人品牌。该模式目前被中国大部分省区市采用，用户规模已达6.2亿。该模式下诊疗费用和药物价格依照政府指导价和医院标准执行，总的诊疗费用相对较低。此外，公立医院已将互联网诊疗纳入医疗保险范围，此举更能减少患者个人负担的诊疗费用。

　　然而，"医疗机构提供模式"在可持续性方面存在一些问题。这种模式下，互联网诊疗由单一医疗机构开展，这导致医疗资源在不同机构之间相对孤立，患者转诊不便。在早期，医疗保险政策的地方性质也削弱了该模式跨地理区域提供优势的能力[229]。尽管如此，这种模式在中国互联网医疗行业根基深厚，拥有最多的营业网点和最大的应用规模，在一定程度上解决了患者"就医难"的问题，因此患者仍然具有很强的使用意愿。然而，该模式下诊疗费用有明确的标准，再加上准入政策规定医生只能在本医疗机构进行互联网诊疗，这限制了医生的选择，在一定程度上削弱了平台参与者的使用意愿。

此外，单个医疗机构自建互联网医院，由于平台参与者有限，显然缺乏经济性。从平台的角度来看，运营配备有1000名医生和10 000名医生的诊疗平台，成本几乎相同[108,217]。从供方的角度来看，平台的成本高则利润较低，那么平台可能无法支付医生足够的提成或薪酬。供方的参与度降低会导致需方流失，进一步降低平台的利润，影响平台的可持续发展。总的来说，这一模式的可持续性较弱。

（2）互联网企业作为平台提供者

"互联网企业提供模式"是指互联网企业搭建平台、依托并连接实体医疗机构的平台模式。相较于前一种模式，该模式更好地整合了医疗卫生服务资源。互联网赋能医疗造就了一批成功的中国互联网医疗企业，除好大夫在线之外，还有阿里健康、平安好医生和微医等。

"互联网企业提供模式"的平台自身具有以下特点。该模式下，平台提供者是互联网企业，这种市场化的组织形式是平台模式发展到一定阶段的必然产物。该模式出现的宏观背景是中国互联网企业发展迅速，政策背景是准入政策（附录03、04号文件等）逐步允许互联网企业搭建医疗平台、开展规定的医疗活动。此背景下，从2015年起，资本大量涌入中国互联网医疗行业，人们开始意识到线上就诊的便利，该模式进入快速发展时期。平台在互联网企业的主导下，凭借其市场化运作手段，在实现了主要的互联网诊疗活动（图文问诊、电话问诊、视频问诊等）之外，还发展出了健康跟踪、管理、服务与及时干预等健康管理增值功能，逐步形成互联网医疗企业服务生态[253]。

"互联网企业提供模式"的平台参与者具有以下特点。该模式下，互联网企业提供平台，将多家实体医院的医疗资源予以整合，因而平台供方是医院中具备互联网诊疗资质的医生。目前，大多数中国互联网医疗企业向中国境内所有地区开放注册、提供服务，其用户规模已达2.98亿，且增长速度呈上升趋势，它们成为主流的互联网医疗平台。由于平台由互联网企业主导，诊疗服务收费规则在政府相关指导价之下拥有一定程度的自主权和灵活性。

诊疗服务收费可以根据医患供需关系进行动态调整，总体上平台的参与度相对较高。

"互联网企业提供模式"的可持续性较强。该模式下，互联网诊疗活动可以更加开放地跨地域进行（"医疗机构提供模式"下，互联网诊疗活动一般局限在某省），并且患者转诊相对容易，这进一步增强了患者的使用意愿。由此，该模式下平台自然汇聚了大量新患者。在新患者的导诊、分发上，互联网企业和医疗机构可以形成上下游产业链关系，医疗机构可以通过互联网医疗企业拓宽吸引患者的渠道，这样能够促进医疗机构入驻平台。这种模式采用了灵活的诊疗服务收费规则，并允许一些备受欢迎的医生收取较高的诊疗费用，鼓励医生积极参与。此外，医生可以更加灵活地选择工作平台和工作时间。综合来看，这种模式具备良好的发展前景和较强的可持续性。

（3）地方政府作为平台提供者

"地方政府提供模式"是指在地方政府的主导下，依托区域内医疗机构搭建区域互联网医疗平台的模式。相较于第一种模式，该模式可以整合区域医疗资源。换言之，该模式是对第一种模式的进一步发展和延伸。在中国，"地方政府提供模式"的代表案例除浙江省互联网医院平台之外，还有"数字健康共同体"（简称"健共体"，包括"三明市数字健共体""天津市基层数字健共体"等）。

"地方政府提供模式"的平台自身具有以下特点。该模式从中国国情出发，是准入政策（附录06、07号文件等）鼓励、引导下的产物。在06号文件（见附录）出台之后，中国各地方政府开始开展积极探索该模式，河南、天津、山东、福建等地率先探索落地。从2019年开始，该模式逐渐兴起，具备了在线咨询、在线复诊等功能。2021年10月8日，09号文件（见附录）发布，标志着"地方政府提供模式"在中国的成功试点并正式推广。

另外，"地方政府提供模式"的平台参与者具有以下特点。供方是来自区域内医院中具有互联网诊疗资质的医生。作为需方的患者，规模已经超过

2500万，主要分布在上述试点省市。这一方面表现出该模式的迅速发展，另一方面也反映出该模式只是在中国小范围内实行。由于平台由政府主导建立，平台诊疗服务的价格受到严格监管和指导，诊疗费用相对较低，并且均已纳入医疗保险。

目前，"地方政府提供模式"正处于试点成功并逐步向全国推广的阶段，其可复制性尚待实践验证。然而，可以确定的是，该模式有助于简化患者的转诊流程，能够整合区域内的医疗资源和患者群体，从而增强医生和患者的使用意愿。这种模式的未来发展前景值得密切关注，但这一模式对诊疗费用以及执业地点有一定限制，其可持续性需要进一步研究。

（4）准入政策对平台模式的影响机制分析

准入是一个行业、组织或经济形态形成与发展的必要规范。准入政策是互联网医疗平台发展的前提和关键，能够系统地促进平台生态的形成[112]。平台准入政策的执行过程就是其施加影响的过程。因此，分析准入政策对平台模式的影响机制，须从准入政策的执行过程着手。准入政策的执行过程涉及两类对象：政策执行者和受影响者。对于互联网医疗准入政策而言，政策执行者是平台提供者，受影响者主要是平台参与者。目前，中国的准入政策对于这两类对象的规定如下。

平台提供者。目前我国许可医疗机构、互联网企业和地方政府提供互联网医疗平台。

平台参与者。一是对于供方（即医生），05号文件（见附录）明确医生的准入条件是"互联网医院提供服务的医师，应当确保完成主要执业机构规定的诊疗工作"以及"医师开展互联网诊疗活动应当依法取得相应执业资质，具有3年以上独立临床工作经验，并经其执业注册的医疗机构同意"。互联网医疗在中国医疗行业的定位是辅助服务，因此医生须先完成执业机构规定的线下诊疗工作。二是对于需方（即患者），05号文件（见附录）提出"不得对首诊患者开展互联网诊疗活动"。

本研究使用政策执行的互适理论模型分析中国准入政策对互联网医疗平台模式的影响机制。政策是在特定地区和一定环境因素下执行的，其中环境主要包括政治环境、经济环境和社会环境。具体到本研究，对准入政策三方面环境依次分析如下。

（1）政治环境。政策制定通常需要时间，而互联网医疗领域的发展速度可能远远超过了政策的制定和调整速度，这导致政策滞后于实际发展需求。在这种情况下，政府可能需要采取下达行政命令等方式来填补政策空白，特别是在信息安全、隐私保护以及网上执业认证等方面。

（2）经济环境。中国良好的经济环境为互联网医疗发展提供了优质的外部条件。社会资本大量涌入互联网医疗市场，互联网企业积极发展互联网医疗产业，不断创新运营模式，为互联网医疗发展注入了活力。因此，市场化机制是相关政策执行的重要方式。

（3）社会环境。目前人们对于连续的、定期的、常态化的健康管理和家庭康复等服务的需求不断增加，医疗保险也逐渐成为影响准入政策执行效果的重要因素。

本研究发现，准入政策对互联网医疗平台模式的影响机制主要包括以下两条路线（见图5.2）。

一是平台提供者的准入要求影响平台模式。由于准入政策的引导和扶持，医疗机构、互联网企业和地方政府成为中国互联网医疗平台建设的主要力量。然而，不可否认的是，中国互联网医疗领域的准入政策体系建设尚未与行业发展的步伐相适应。新兴领域的立法空白、不同部门之间的制度冲突以及互联网医疗领域的行业变革迅速等因素都可能阻碍行业的进一步发展 [215]。总体来说，中国现行对于互联网医疗平台提供者的准入政策，决定了平台提供者是医疗机构、互联网企业和地方政府；进一步地，提供者不仅是平台的提供者，更是平台的主导者，直接决定了互联网医疗平台模式的建立与形成。

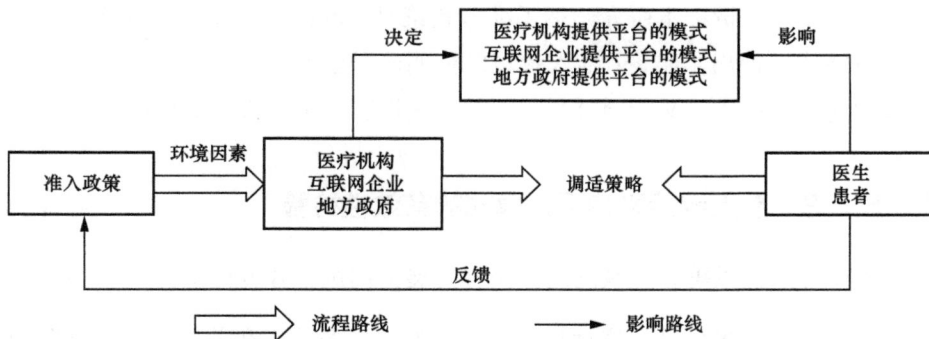

注：
1.环境因素
　主要指行政命令、市场化机制、医疗保险等。
2.分析结论
　（1）政策的执行过程就是寻找双方都能接受的调适策略的过程，也就是准入政策优化的过程。
　（2）平台模式是双方相互调适的产物，受到两者的影响，对应政策执行的互适理论模型的"相互调适部分"。
　（3）准入政策直接决定平台模式的形成（政策执行者→平台模式），间接影响平台模式的发展（政策执行者→受影响者→平台模式）。

图5.2　准入政策对平台模式的影响机制

二是平台提供者通过影响平台参与者的准入进而影响平台模式。平台提供者在准入政策法规框架下，对平台参与者施加约束和激励。对于平台参与者，准入政策的执行过程实际上是由平台提供者来完成的，而平台参与者会进一步影响平台模式的形成与发展。就供方而言，相对于线下诊疗，线上诊疗对医生准入有更高的门槛，这能够有效保障互联网诊疗服务的质量和安全，但是也在很大程度上限制了供方的进入，不利于平台初创期"鸡和蛋"问题[248,254]的解决和平台模式的发展与成熟。同时，"医师开展互联网诊疗活动需要经其执业注册的医疗机构同意"的规定决定了医生的互联网诊疗基本上是定点、单点服务。这是因为医疗机构出于自身发展和行业竞争考虑，一般会限制医生仅在本医疗机构开展互联网医疗活动。这会限制平台医疗资源的流动和平台模式的发展。就需方而言，禁止首诊是出于对患者安全的考虑。然而，这在一定程度上限制了需方的进入。因此，准入政策通过平台提供者影响平台参与者，进而影响平台模式的形成与发展。

基于以上分析，本研究归纳了准入政策对互联网医疗平台模式产生影响的两条路线，得出了结论：准入政策既能明确平台准入要求，直接决定平台模式的建立与形成，又能通过平台参与者间接影响平台模式的可持续发展。

5.4.3　准入政策影响平台模式的有效性检验

本研究选择以美国互联网医疗平台发展为例进行效度检验。

互联网医疗平台是开展远程诊疗活动的主要载体，在美国主要由互联网医疗企业、医院（或医疗集团）或者保险企业等搭建。平台既有一方独自搭建的，也有多方合作搭建的。美国互联网医疗发展较早，其法律法规也更加完善和成熟。当下，监管美国互联网医疗发展的法律主要有《联邦欺诈和滥用法》（*Federal Fraud and Abuse Laws*）、《反回扣法》（*Anti-Kickback Statute*）、《斯塔克法》（*the Stark Law*）等[255]。由于美国互联网医疗市场集中度较高，互联网医疗企业一枝独秀，其中Amwell、MDLIVE、Teladoc占据了绝大部分市场份额。尤其是Amwell，拥有1.5亿名医疗保险参保用户，服务超过55个医疗保险计划，拥有240个医疗集团，共计2000多家医院。美国保险企业和医院（或医疗集团）也开发了一些互联网医疗平台，但是这些平台大都由以上三大互联网医疗企业提供技术支持。也有极少数保险企业会建立自己的独立互联网医疗平台，如安森保险（Anthem）通过独立子企业建立了自己的互联网医疗平台LiveHealth Online。

根据本研究的结果，美国互联网医疗平台可归纳为互联网医疗企业提供模式、医疗集团提供模式和保险企业提供模式。可以看出，美国相对成熟的互联网医疗体系中，并无"医疗机构提供模式"，说明该模式可持续性较弱，在平台模式的演变过程中被淘汰。但是，"互联网医疗企业提供模式"已经成为美国互联网医疗行业的主流模式，"医疗集团提供模式"也在美国普遍应用，说明这两种平台模式相较于"医疗机构提供模式"具有较强可持续性。另外，美国法律允许保险企业进入互联网医疗行业，催生了"保险企业提供模式"这种新的可行模式。美国互联网医疗平台模式的发展历程说明本研究对于平台模式的归纳分析是正确可行的。

根据本研究的分析方法,对准入法规之于平台模式的影响机制可做以下分析。美国互联网医疗行业通过相关的法律法规鼓励引导或者禁止相关平台提供者准入,形成了如今互联网医疗平台提供者多头并存的局面。这些平台提供者决定了美国的互联网医疗平台模式。再者,互联网医疗接入首诊服务在美国已运行多年。随着2017年5月27日得克萨斯州州长通过该州的互联网医疗立法法案,废除了医生只能在与患者面对面接触之后才能为其提供互联网医疗服务的规定,美国所有州均完成了对互联网首诊的支持。截至2019年11月,哥伦比亚特区、波多黎各和美属维尔京群岛的49个州议会以及医疗委员会要求从事互联网医疗的医生需获得患者所在州的许可;12个州议会签发了互联网医疗许可证,允许医生在本州和跨州进行互联网诊疗;6个州规定跨州执业的医生需要进行注册。上述法规有效增强了医生、患者对平台的使用意愿,有利于互联网医疗平台的可持续发展。以上内容可以说明本研究分析得出的准入政策对于平台模式的影响机制是行之有效的。

通过上述效度检验,本章分析得出的平台模式及其影响机制通过检验,这表明本研究的成果是有效的。

5.5　理论贡献与实践建议

5.5.1　理论贡献

本研究通过对现有平台模式及其影响机制进行探讨,所得结果具有以下理论贡献。

(1)从平台模式的角度丰富平台研究的内容

虽然业内对平台的研究已经形成体系,但基本上是从以下几个方面进行的：内部平台（企业内部）、供应链平台（供应链内部）、行业平台（行业生态系统）和多边市场或平台（行业）[226,256]。研究行业平台大多是从平台形成过程[226,257]和运行机制[258-260]的角度出发，将行业平台划分为不同的平台模式的研究很少。本研究填补了这一空白，对后续研究者开展行业平台研究具有启迪和借鉴意义。

（2）扩大准入政策的研究范围

以往关于准入政策的研究大多局限于市场[261,262]、企业[263,264]和产业[265,266]，关于平台准入机制的文献很少。本研究梳理了互联网医疗准入政策的内容和特点，并深入探讨了其对平台模式发展的影响。

（3）对互联网医疗平台的研究进行补充

之前对于互联网医疗的研究大多是从其发展历程[228,267]、自身特征[232,268]、经济社会效益等方面展开[111,231]，较少有研究从平台形成与发展方面对互联网医疗进行归纳总结和专业分析。本研究系统分析了互联网医疗平台的模式特征，并讨论了互联网医疗的平台经济效应，从而对互联网医疗平台的相关研究做了有效补充。

（4）将政策执行的互适理论模型跨学科地应用到平台经济的研究中

之前对于平台经济的研究，采用的方法主要有对平台行业的进入、定价和其他策略进行实证研究[269-271]，提出双边平台的垄断模型[272]，构建网络效应模型[273]，建立价格竞争模型[274]，其中利用政策执行的互适理论模型进行平台经济领域研究的文献较少。本研究应用政策执行的互适理论模型来研究准入政策的执行过程，给平台经济领域的研究提供了一个跨学科的专业视角。这种基于研究需要、跨学科的理论应用，有助于知识的发散传播和创新应用。

5.5.2　实践建议

（1）精简整合医疗机构自建的互联网医疗平台

平台具有规模效应和网络效应，单一医疗机构自建互联网医疗平台的模式难以发挥这种优势。对这些彼此分隔的平台进行精简整合，能够提高平台的运营效率、促进平台生态系统的形成。"医疗机构提供模式"是互联网医疗平台发展过程中的过渡模式，是不发达的平台组织形态下的产物。平台的形成机制和内在特征决定了该模式终将被淘汰，而对这种模式下的平台进行精简整合是演变路径之一[110]。

（2）鼓励保险企业等主体提供平台

拥有平台提供者是平台模式的核心特征，平台提供者多元化是平台模式发展演变的根本原因。中国的互联网医疗领域准入政策法规似乎尚未与行业发展的步伐相适应，这表现在禁止保险企业等主体介入互联网医疗行业等方面，这也导致了互联网医疗平台提供者的多样性受到限制，平台模式尚待进一步发展和完善。在充分评估风险、施加必要约束的前提下，放宽准入政策、允许甚至鼓励保险企业等主体成为平台提供者，能够为平台发展带来强大的创新力和物质支持，是平台准入政策改革的重要方向。

（3）动态优化互联网医疗准入政策

根据政策执行的互适理论模型，政策的执行过程就是寻找政策执行者和受影响者都能接受的调适策略的过程，也就是准入政策优化的过程。而平台模式是双方调适的产物，因而互联网医疗准入政策的制定与执行是动态的，不能一蹴而就。政府应当根据医生、患者的反馈，不断改进准入政策中阻碍平台可持续发展的部分，同时依据国情、借鉴国际先进经验进行平台模式的探索发展。例如，开放特殊病种的首诊，适度扩大诊疗范围[230]；健全医生多点执业制度；有效保护患者信息，明确电子病历信息的所有权归属；厘清互联网医疗领域参与主体的法律关系和责任分配；探讨人工智能医疗机器人的法律地位等。

（4）针对性地创造平台模式发展的良好条件

根据政策执行的互适理论模型，政策在一定时间、空间下发挥规范指导的作用，具有时效性和属地性，其执行依赖于环境因素。因此，如要达到更好的政策执行效果，以期促进平台模式的发展，应结合考虑互联网医疗系统环境的特点，有针对性地调整产业结构，满足患者的就医需求，例如借助可穿戴设备等。

5.6 小结

通过以上分析，本研究得出结论：不同的准入政策会影响不同的平台模式形成。准入政策和平台模式之间的影响是动态的、双向的，主要通过行政命令、市场化机制和医疗保险等方式施加。互联网医疗平台的准入政策既能由平台提供者直接决定其平台模式的建立和形成，又能通过平台提供者对平台参与者的影响间接影响其平台模式的可持续发展。然而，本研究存在以下局限：未定量地对互联网医疗平台模式做进一步分析，例如通过相关数据对不同平台模式下平台运作效率、不同职称的医生数量占比、患者分布地区等进行分析，以进一步探讨平台模式。

尽管存在以上局限，但本研究为国家建设互联网医疗平台提供了理论依据和实践建议，为医疗行业发展平台经济提供了从准入政策这一角度和层面着手的理论支撑。

第6章 平台价格管制与数字化转型——两城停车平台比较

我国不少行业通过平台实现了数字化转型[82]，提高了供需匹配效率，例如网约车[275]、电子商务[276]等。然而，停车方面却进展缓慢，尤其是城市的中心区经常"一位难求"。司机寻找车位经常会造成资源浪费，加剧拥堵，还加剧空气污染[277,278]。

相比较而言，在停车方面，有的城市用户可通过互联网和App的数字平台（由于用户主要通过移动端使用平台，下文统称停车平台）预约车位和结算费用的现象很普遍，而有的城市在停车数字化转型方面相对滞后。为了弄清楚这背后的原因，本章基于平台视角，根据笔者的切身经历，对比A、B两城停车平台的数字化发展，分析影响停车平台数字化转型的关键原因。

本章通过对比A、B两城的关于停车价格管制措施的异同，从平台视角分析不同价格管制措施对停车平台生态的影响，研究价格管制与数字化转型的关系，以期为城市停车提供理论贡献与实践建议。下文主要介绍城市停车的研究进展、数据来源与分析方法，并对比A、B两城在停车收费方面的政策差异，分析价格管制措施对于停车数字化转型的影响，进而提出优化管制和促进停车平台数字化转型的建议。

6.1 城市停车的研究进展

关于城市停车问题，现有相关文献主要包括以下内容。①介绍停车管理经验的文献主要提到了停车换乘系统[279-282]、残疾人专用车位[283]、交通罚款[284,285]等相关措施。②研究停车管理改革，包括电子收费[286]、执法改革[287]、产业化发展[288]、收费市场化[289]等。③研究价格管制对市场的影响，包括价格波及效应[289,290]与停车政策[291,292]等。④分析"智慧停车"对绿色停车的价值[293]以及新型的停车解决方案[294]。虽然部分现有文献指出了价格管制对于停车供给的影响，也指出了停车数字化转型的重要价值，但是并没有分析城市停车平台数字化转型滞后的关键原因。

和其他的平台一样，停车App具有平台的特性，兼具两种创造价值的方式，即促进供需双方交易，以及提供技术构件促进产品或服务的创新[88,295]，它是一种典型的平台经济形态。目前，A城的宏观环境对于数字化转型持友好态度，鼓励停车App发展，还出台相关文件、试点共享车位，然而相关平台都没有实现可持续运营。

6.2 数据来源与分析方法

城市停车管理是城市管理的重要组成部分。本研究的数据来源主要是政府网站和相关政策文件。同时，我们查看了手机主流应用商店中停车App的下载量、标识等数据信息。本研究选择A城和B城作为比较对象，两者都是大型城市，且都面临着停车问题的挑战。由于这两个城市的停车管制措施不同，本研究针对不同城市采用的数据采集方式也有所不同。

6.2.1 A城停车相关数据

A城对停车主要采取价格限制，数据来源于政府文件。目前A城所实施的停车收费标准如表6.1所示，各地区实施统一定价。

几乎与网约车同时，A城先后出现了多个停车App，其中个别还获得了风险投资或者政府试点的政策支持，目前A城没有广泛使用的停车App。例如，A城自2018年开始推广电子收费，推出了交通App——那时只有收费功能，不能查询停车信息，也不支持预约车位。但是，目前A城的停车平台大多停止了运营。

表6.1　A城停车收费标准

占道停车场		小型车	大型车
7:00—19:00	首小时内（元/15分钟）	2.5	5
	首小时外（元/15分钟）	3.75	7.5
19:00（不含）—次日7:00（元/2小时）		1	2

6.2.2　B城停车相关数据

B城政府很重视停车管理，其停车管制措施相对A城的更为精细。但是，B城的停车收费标准没有出台官方文件，不同的停车场收费机制也千差万别。不同时段的停车价格不一，甚至紧邻的两个停车场都有不同的收费标准。总体来说，公共停车场或者停车位的价格相对偏低，会有时长或者时段限制；私营的停车场则收费较高，没有时长或者时段限制。

B城广泛使用的停车App有P平台、J平台、R平台等。这些App在B城很流行。其中P平台没有预约功能，主要用来查询停车资源位置、价格等信息；J平台成立于2006年，是一个连接司机与停车资源的技术平台，用户可以通过PC端和移动端享受其服务。例如，利用J平台搜索6月25日B城某博物馆附近的停车信息，其会显示4小时的总价为9～272英镑；可预约车位类型既有公共停车场、路边车位，又有私营停车场，还有个人的共享车位。如果选择了合适的车位，即可预约并支付，到了停车场可以直接停车入位。

6.2.3　分析方法

本研究基于平台视角，通过分析价格管制对于供方（包括公共停车资源、私营停车资源以及各类共享车位）、需方（主要为个人用户）以及平台（停车App）行为的影响，从而揭示不同的价格管制措施及其组合对于停车数字化转型的影响。同时通过对比分析，研究不同价格管制措施下，A城和B城停车平台数字化转型的不同效果。

6.3 价格管制如何影响停车平台的数字化转型

6.3.1 A城和B城价格管制差异比较

A城和B城停车价格管制的主要差异见表6.2。总体来说，B城停车资源定价灵活，而A城同类区域几乎是统一价格。

表6.2 A城和B城停车管制的主要差异

城市	价格限制		时间限制	
	公共停车资源	私营停车资源	公共停车资源	私营停车资源
A城	有限制（偏低），区域统一定价	有限制（偏低），不能高于公共停车收费标准，基本都采用官方定价	无限制	无限制
B城	有限制（偏低），差异化定价	无限制	有限制，差异化的时长及时段限制	无限制

6.3.2 价格管制对供方的影响

供方包括政府提供的公共停车资源、私营停车资源以及社会组织或者个人的共享车位。

（1）A城的价格管制措施对供方的影响

一是降低了公共停车资源的流动性。由于停车没有时长和时段限制，加上市中心一位难求且收费不高，司机找到停车位后会选择尽量停久一些，并不会轻易离开，这严重影响了资源的流动性。

二是停车资源被挪作他用。低廉的停车费用相对于房租或商铺租金来说，表现出相对的经济吸引力，吸引了一些商家或企业租用停车位进行商业经营活动，包括将停车位用作临时仓库、零售点等。然而，这种趋势引发了停车资源被挪作他用的问题。在这一现象中，停车位的本来功能被扭曲，停车位不再用于满足市民的日常交通需求。这可能导致资源的浪费和不合理利用，进而加剧城市的交通拥堵问题，影响停车位的正常供应和需求匹配。

三是减少了停车资源的供给。价格管制使得社会资本投资停车场获得的回报低于其他领域。因此，市场上私营停车资源的供给越来越少。

四是减少了停车资源的数字化输入。加入数字平台需要支付一定的数字化成本，例如需要给车位安装感应器，给手机安装App，收费后还需要给平台分成。而且本来车位资源就紧缺，也没有放入平台的必要。因此，供方不愿意将停车资源放入平台。

（2）B城的价格管制措施对供方的影响

一是提升了公共停车资源的流动性。由于停车有时间限制，高额的罚款促使司机不会长时间地占用停车资源，车位也能服务于更多的司机。

二是形成了监督机制。车主如果发现停车资源挪作他用，即便监管机构没有发现，后来者也会举报以维护自身利益，因此不太可能出现将停车资源挪作他用的情况。

三是增加了私营停车资源的供给。没有价格限制激发了社会资本进行投资的动力，从而增加车位供给。例如N企业在B城主要黄金地段和机场都设有停车楼，收费相对较高，且没有停车时间限制。该企业在B城核心区布局了20多个停车场，如果司机停车需求强烈，可以不用寻觅或者排队等候，直接进入高收费的专业停车企业的停车场。N企业甚至都不用普通的停车场标志牌"P"，直接用新的标志以便于司机区分。

四是增加了数字化输入。只要平台上的用户足够多，供方就有动力进行一些基础设施的建设，包括安装感应器、进行无人化管理等。为了提升自身的竞争力，私营停车资源也有动力加入平台，以便获取更多的用户。

6.3.3　价格管制对需方的影响

需方主要考虑驾车的个人用户，因为相较于驾车的个人用户，其他类型的用户占比较小。

（1）A城的价格管制对需方的影响

在A城的政策下，停车费用是一致的，而且没有时间限制，这导致用户可能没有足够的动力来使用停车App。从需方的角度来看，无论将车停在哪里似乎都一样，因此，用户不再需要使用停车App来搜索、预订停车位或支付停车费用。司机更倾向于就近寻找车位，但如果找不到车位，可能会出现违章停车的情况。这一政策给需方带来的影响是多方面的：一方面，用户的停车选择更加灵活，其不再受到价格或时间的制约，这可以被视为一种便利；然而，另一方面，这也可能导致停车资源的不合理分布，因为用户可能会集中在某些区域寻找停车位，而其他区域可能会出现资源浪费。

（2）B城的价格管制对需方的影响

车位价格和停车时限的差异在B城实施价格管制措施的停车场表现得相当显著，用户依赖停车App以应对多样化的收费机制。尽管公共停车场的价格相较于私营停车场较低，但不同停车场的收费规则千差万别，而且甚至相邻的两个停车场也可能存在截然不同的收费标准。这种价格机制的多样性也表现在不同时段，特别是高峰和低谷时段的价格波动上。根据B城停车场的数据，停车收费标准的价格区间较大，显然使用停车App能够使用户有效地节省开支。此外，在B城价格管制措施的规制下，绝大多数公共停车场和路边公共停车位都受到停车时段和停车时长的限制，例如常见的标志牌会规定"周一至周五 8:00—18:00，两小时内不得再次停车"等。为了节省时间和精力，司机就需要依赖停车App来方便地选择能满足其需求的停车位。

综上所述，多样化的价格和停车时段限制促使用户充分利用停车App，以便在复杂的停车环境中更加方便、高效地选择停车位和支付停车费，从而节省时间和金钱。这种数字化解决方案为城市停车管理提供了便利，并有助于规范和优化城市停车资源的利用。

6.3.4　价格管制对平台的影响

停车 App 类似于网约车或者电子商务平台，运营者一般从平台成交的停车费中收取一定比例的费用，或者收取固定费用。不同的价格管制措施给平台的发展带来了不同的影响。

（1）A 城的价格管制对平台的影响

一是难以形成平台生态。由以上分析可见，在 A 城价格管制措施的作用下，停车 App 的平台参与者对平台的使用意愿都不强。这种情况对于形成一个健康的停车平台生态系统来说，可能会有一些挑战和问题。

二是平台难以持续运营。A 城的价格管制措施限制了供方定价的灵活性，在一定程度上影响了平台的盈利能力和运营模式，导致平台上可供选择的停车资源减少。平台参与者减少，能促成的交易也就少。平台的运维依赖于交易费用的提成，交易少时，开发者很难从平台运营中获利，因此市场上不会有人提供平台服务，或者提供服务的平台也难以持续运营。这种情况可能导致停车平台的用户和停车资源都十分有限，从而阻碍平台的发展和繁荣。

（2）B 城的价格管制对平台的影响

一是容易形成平台生态。由以上分析可见，B 城价格管制措施下的停车平台的参与者都有入驻平台的需求。平台的交易量足够大，平台提供者能从中获取足够多的收益，从而产生了不少平台提供者。事实上，B 城出现了多款停车 App，而且其中不少 App 都在稳步发展。

二是促进了产品或服务创新。平台参与者的数量越多，平台的价值也就越大，平台提供的服务也就越多样。平台通过创新，进一步提高资源配置效率。例如，J 平台开发了一个停车场动态定价系统，该系统可根据历史占用率和搜索数据调整车位价格：在非高峰时段降低价格，以鼓励司机停车；在高峰时段提高价格，以减少预订、缓解拥堵。

三是进一步增强了平台的吸引力。一方面，平台有能力也愿意投入更多的资金在需求侧拓展市场，通过各种优惠或者个性化服务吸引用户入驻，增加平台流量；另一方面，平台有能力给供方赋能，进行数字化投资，支持供给侧停车位安装感应器，等等。此外，由于平台能给供方赋能，很多很传统的供方也能进入市场，例如个人或者其他社会组织的车位都能便捷地通过平台共享。司机可以提前在App中预约停车位、选择停车时段并支付费用，到了停车场可以直接停车入库。虽然共享车位的价格一般高于公共车位，却比私营停车场低。机场、足球俱乐部、热门景点附近就有许多共享车位可供预订。

6.3.5　区别限价和限时的价格管制能有效促进平台发展

通过对A城和B城的比较分析可知，不同价格管制对数字平台生态的影响如图6.1所示。

统一限价不限时，对于公共停车资源，降低了车位的流动性，且车位容易被挪作他用；对于私营停车资源，抑制了车位供给，也减少了其数字化输入；对于用户，车位价格与时限趋同，用户一般倾向于就近寻找车位，没有使用平台的需求；对于平台，平台参与者入驻少，难以促进交易及创新，平台难以持续运营。

区别限价和限时，公共停车资源限价且限时，提高了车位的流动性，还能促使后车监督前车；对于私营停车资源，没有限制，刺激了车位供给，还能增加其数字化输入；对于用户，由于不同的停车场存在价差，还要考虑时限，其需要通过平台搜索和预订车位；对于平台，平台参与者入驻多，能促进交易及创新，平台也能持续运营。

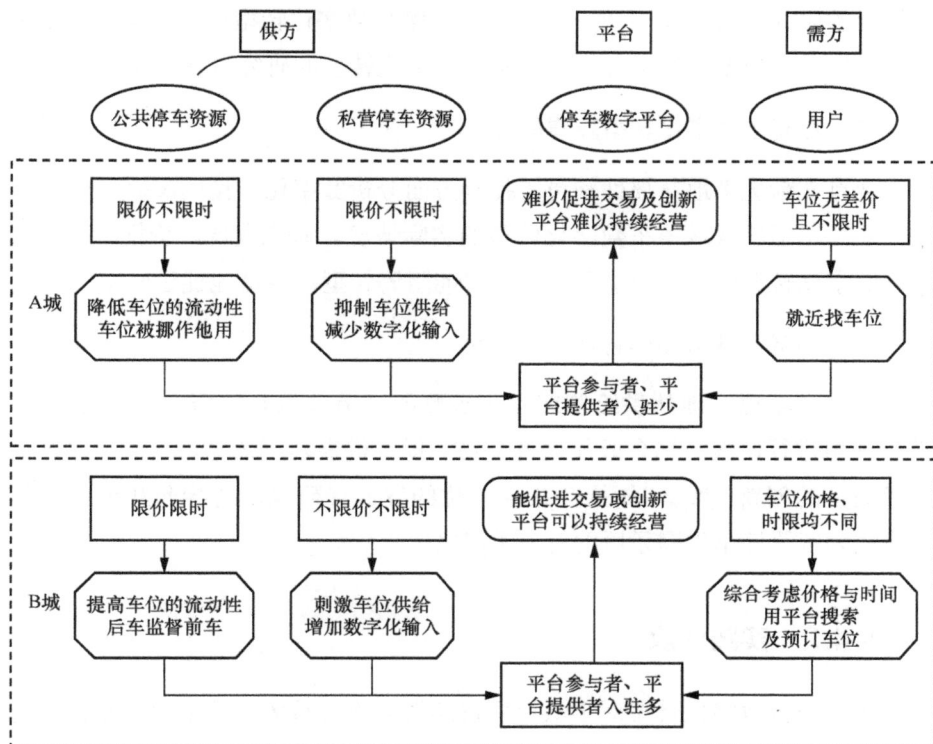

图6.1　不同价格管制对数字平台生态的影响

6.4　理论贡献与实践建议

6.4.1　理论贡献

停车数字化转型既涉及城市管理，还涉及平台经济、信息系统等多个研究领域。通过对比A城和B城停车价格管制与平台生态发展情况，本研究主要有以下理论贡献。

（1）丰富了数字化转型的研究对象

现有文献更多地研究组织层面的数字化转型，以企业为主，对于行业或者社会的研究相对较少[82,296]。本研究针对停车数字化转型展开，从行业及整个平台生态的角度进行了分析，丰富了数字化转型的研究对象。

（2）补充了数字化转型障碍的理论

现有文献更多地从惯性和员工抵制方面分析数字化转型的障碍[82,297]，其结论显然不适应A城停车数字化转型的实际情况。研究发现，价格管制措施也是数字化转型的重要影响因素，既可能阻碍转型，也可能促进转型。

（3）丰富了城市停车管理研究视角

现有文献更多地从供给侧或者需求侧的调节政策开展研究[298]，较少从平台视角进行研究。平台既能促进交易，提高供需匹配效率，又能促进产品或者服务的创新[299]，例如推动共享车位的发展、研发动态定价机制等，这也将成为解决停车供需矛盾的有效手段之一。

6.4.2 实践建议

停车平台数字化转型对于城市可持续发展意义重大。智能停车系统可能会帮助B城每年节省价值1.836亿英镑的汽油，并可能将其每年的二氧化碳排放量减少 642 978 吨[300]。违章停车现象既破坏了城市的正常秩序，又加剧了城市拥堵。为推动停车平台数字化转型，优化管制措施，调节停车的供需双边市场，培育停车的平台生态系统，具体建议如下。

（1）优化对公共停车资源的管制

① 限制停车时长，加速车位车辆流动。对于路边车位，建议根据道路特点规定停车时长，例如普通道路限停两小时，交通要道限停一小时甚至半小时，以便市民在路边的银行办事、去餐馆就餐、接送孩子等。对于公共停车场，也可以选择性地进行时长限制。

② 放宽价格管制，用差异化定价满足多元化需求。通过价格机制将长时间和短时间的停车需求区分开，避免有不同需求的司机都在一起排队，这

样既能服务更多司机，又能减少排队造成的时间浪费。或者仅规定每天的最高收费总额，灵活设计计价单位及计价时段，例如限价，每天针对每车位收费100元。运营者可以设定在高峰时段每小时收费10元，低峰时段则免费。

（2）取消对私营停车资源的价格管制，鼓励增加供给

如果以公共停车资源的价格来约束私营停车资源，将限制投资回报率，影响社会资本供给车位的积极性。

① 取消私营停车场价格管制，鼓励停车企业在核心区布局网点。在提供平价、限时的公共停车资源的同时，也应大力发展按市场运作的私营停车网点。自负盈亏的模式会刺激运营者积极探索可持续的定价和运营方式[301]。

② 鼓励社会组织或者个人共享车位。不限制市场主体的停车资源的价格，为社会组织和个人积极供应停车资源创造了条件，例如，B城的J平台上有许多个人提供的共享车位。这种方法有助于优化停车资源的利用，同时为社会组织和个人提供额外的创收机会。这种共享经济模式已经在一些城市取得成功，并可以作为改进城市停车管理的一种创新方法。应打破价格和准入限制，鼓励社会组织或者个人在车位闲置之时将车位共享。

（3）支持停车App的发展

停车App的关键作用之一便是促进停车资源供需双方进行信息对接，实现供需匹配。如果停车资源的位置、价格、状态（是否空置）等信息不能有效传递给市民，再好的价格机制也不能发挥资源配置的作用。支持停车App发展的建议如下。

① 做好停车资源的信息整理和更新，并对公众开放相关数据。由于很多停车资源具有公共物品的属性，相关信息的采集和发布需要政府部门实施，或者由政府部门给予支持和授权。停车资源信息被采集后，应该便于App运营者获取。App需要获取所有停车场、路边停车位的信息，包括地理位置、数量、收费方式等，尤其是基础的地理信息，这是停车App开发和运营的基础。政府在这方面的数据开放有待进一步完善，以为企业开发停车

App 提供基础信息资源。

② 在实施新的停车规划与建设停车位时应考虑安装物联网设备。为了提供各种停车服务，停车 App 需要实时获取停车位的使用状态，这就需要在停车场内为停车位安装专门的物联网设备。对于现有的公共停车资源，应该积极考虑为其加装物联网设备，以提高停车管理的智能化水平。此外，在实施新的停车规划或建设项目时，也应该在设计阶段考虑为停车位安装物联网设备或预留相应的安装空间，以便未来能够轻松地集成物联网技术，实现更加智能和高效的停车管理。

③ 支持停车 App 运营者访问和验证车辆信息。在司机预约停车时，车辆进出需要验证车牌信息，而这一验证过程通常需要停车场管理方的授权。此外，停车 App 在收取费用后，还涉及收益分配以及对车辆或车位提供者可能出现的违规行为的索赔等事宜，这些都需要向政府部门申请信息访问和验证。

6.5 小结

本章从平台的视角，对比 A 城和 B 城价格管制的差异，分析价格管制对停车平台生态的影响，在理论层面丰富了数字化转型、城市停车管理等方面的研究文献，在实践层面为城市停车平台数字化转型提供了实践建议。

研究发现，私营和公共停车资源存在差别：对于私营停车资源，只要放松价格管制，其数字化转型一般没有什么阻碍；对于公共停车资源，如果没有公共资金的投入，实现其数字化转型仍需进一步探索可行的商业模式。同时，本研究也存在不足之处。按照交叉实验设计原则，一些情况尚未被考虑到，例如公共停车资源统一定价且限时，或者私营停车资源允许价格上浮但是统一定价。在这些情况下，数字化转型会出现哪种情况，后续还需要进行更为系统和深入的研究。

第7章 平台数据集成与数字化转型

在数字时代，数据被誉为"新的石油"，成为驱动创新和决策的关键资源[302]。政府作为国家治理的主体和经济发展的推动者，企业作为市场经济的核心参与者，都面临着管理和使用海量、多样化数据的挑战。然而，由于数据来源的多样性、格式的异构性以及存储的分散性，数字化转型下的数据集成成为一项充满挑战和复杂性极高的任务[303]。

数据集成在数据管理中具有重要地位，旨在将静态的"持久"数据与运动中的数据整合成一致性、完整性的视图，确保数据在正确的时间、正确的地点以正确的方式传送[304]。这不仅涉及数据的整合，还涉及数据的移动，能为业务分析、流程优化提供支持[305]。

数据集成作为挖掘数据价值的关键一步，能够解决数据分散、价值未开发等问题，对政府和企业的重要性日益凸显。本章旨在探讨数据集成在数字时代对政府和企业的重要意义。通过比较平台企业与非平台企业在数据收集、管理与应用方面的区别，探讨其面临的挑战和机遇。此外，目前大量数据分散于企业特别是平台企业与政府两大主体，政府拥有大量的公共数据资源——涉及人口、经济、环境、教育、健康、农业、交通等领域，能够为企业提供数据支持，帮助企业了解市场需求。同时，平台企业拥有丰富的行业发展数据，能够为政府提供准确的市场信息和社会运行情况，帮助政府提升治理水平。政府和企业相互合作，共享数据资源，有助于共建开放、合作、共赢的数字生态系统，助力实现数字时代的潜力和机遇的最大化。本章将基于实地调研所得的数据展开探讨，为推进政企协同挖掘数据价值提供实践参考，促进数字化转型的持续发展。

7.1 平台拥有大量数据资源

7.1.1 企业

数据在企业发展中扮演着重要的角色。企业的活动会产生大量的数据，这些数据涵盖市场营销、生产制造、供应链管理、客户关系、人力资源等多个领域，对于企业的业务运营和战略决策至关重要[305,306]，企业拥有的数据如表7.1所示。通过数据集成，企业能够实现更高效的业务运营、精准的市场洞察、迅速的决策反应，在激烈的市场竞争中保持优势。

表7.1　企业拥有的数据

数据类型	数据举例或说明	数据用途
用户数据	用户信息、注册信息、个人偏好、购买历史等	了解用户需求、提供个性化服务和优化用户体验
行为数据	记录用户在企业平台上的行为，如点击、浏览、搜索、购买等数据	分析用户行为模式，优化产品推荐和营销策略
交易数据	产品销售情况、交易金额、交易频次等	销售预测和业务决策
生产制造数据	生产过程参数、设备状态、生产效率等	优化生产流程和管理
营销数据	市场调研数据、竞争对手数据、广告效果等	了解市场动态和竞争情况，优化营销策略
人力资源数据	涵盖员工信息、薪资福利、培训记录等	人力资源管理和员工绩效评估
物联网数据	涉及物理设备和传感器的实时数据	设备监测和优化生产流程
外部数据	市场研究数据、行业报告等	了解市场和行业动态

企业的数据是其核心资产，越来越多的企业也在探索开放数据的方式，例如通过开放API授予特定数据的访问权限、建立开放数据门户将数据以结构化或者某种易于访问的方式对外公开。这些举措可以激发创新活力、提升效率、加强与外界的合作，为企业创造更多的价值和机会[307]。

7.1.2 平台提供者

在数据收集、存储、处理和应用方面，平台企业与非平台企业存在明显差异，这些差异对平台企业构成了更大的挑战。与此同时，平台企业也因其广泛的数据来源和多样的数据而受益。例如，平台企业通过对大量数据进行分析，能够深入了解用户需求、行为模式和市场动态，从而为用户提供更优质的服务和个性化的推荐，进而提升用户黏性和满意度。平台企业与非平台企业的数据差别如表7.2所示。

表7.2 平台企业与非平台企业的数据差别

项目	平台企业	非平台企业
数据来源	面向大量用户，涵盖广泛的领域，从不同来源收集大量的数据	面向特定的产品或服务领域，数据来源相对有限
数据处理	由于用户规模庞大，数据量通常是大数据级别，需具备强大的数据存储和处理能力	数据规模相对较小，处理数据的压力相对较小
实时性需求	需要实时收集和处理数据，以满足用户的实时需求，例如社交媒体、电商平台	数据处理更为灵活，不一定需要实时处理
数据多样性	数据类型多样，包括用户数据、行为数据、交易数据、内容数据等	数据类型相对单一，数据整合和分析相对简单
数据隐私与安全	涉及大量用户数据，数据隐私和安全需要严格保护	需关注数据隐私和安全，但数据规模相对较小，数据敏感程度相对较低

7.2 数据集成的重要意义

7.2.1 政府开展数据集成：推动数智政府建设与优化公共服务

政府作为社会治理的主要力量，开展数字化转型是当前政府建设的主要任务。数据作为数字时代重要的生产要素之一，能够激活传统产业新动能，推动数字经济新业态、新模式的快速发展，成为促进经济社会发展的新引擎[308]。与技术一样，数据不仅不会因为重复利用而发生损耗，反而会由于正向反馈机制而使得产生的收益递增，其价值产生于广泛利用。在政府的数字化转型过程中，数据集成起到了至关重要的作用。

政府拥有大量的数据资源，但由于数据分散在不同的行业和数据系统中，缺乏有效的连接，政府难以实现对数据的全面利用，这会降低政府的决策和服务效率。因此，数据集成成为政府提升治理能力的必要手段。

（1）打破信息壁垒，为政府决策提供更全面的信息支持

通过集成不同部门和系统的数据，政府可以获得全局的数据视图，深入了解目前各行业以及经济发展的全貌，从而制定更加科学、准确和精细的政策和计划，以推动经济发展。数据集成还有利于政府发现潜在的经济增长点，促进创新和创业，推动产业升级，实现数字经济的高质量发展。

（2）提升政府的治理能力和服务水平

通过数据集成，政府可以全面监控和评估各项活动，及时发现问题和采取相应措施，提升治理能力和服务水平[62]。同时，数据集成有助于政府优化公共资源的配置，提高公共服务的效率和质量。例如，政府可以通过数据集成实现精准医疗、精准教育等，更好地满足群众的需求。

政府的治理能力提升离不开数据集成的支持，然而，目前政府的数据集成仍面临着信息安全与隐私保护、数据的统计标准不一致、数据的质量不一、企业由于保守商业秘密不愿意共享数据等问题[309]，这在一定程度上影响了数据集成的效果。而目前学界与产业界也在为数据集成的发展而探索，并取得了一定的成果，例如开发统一的标识解析体系[208]、隐私计算技术的创新研发[310]等。

7.2.2　企业开展数据集成：数字化转型的关键路径

在当今的数字时代，企业面临着海量数据的产生和积累，这些数据散布在不同的部门、系统和数据库。信息碎片化将影响企业决策的及时性和准确性。特别是对于平台企业而言，其在服务企业的过程中产生了大量的产业数

据[311]。为了推动数字化进程并提高业务效率，企业自身的数据集成是关键的一步。

（1）提高决策效率

企业在运营过程中，产生了大量的数据，其包括销售数据、客户数据、设备数据、供应链数据等。数据被各个部门、业务系统和数据库积累，导致决策者只能看到部分信息，很难全面把握企业的运营状况，可能因此错失重要商机，影响决策效率。企业开展数据集成的核心目标是将分散的数据整合为一个全面的数据视图，实现全面、准确、及时的数据共享和交流[305]。

（2）优化业务流程

企业开展数据集成的主要目的是实现业务流程的协同和优化。通过整合不同系统的数据，减少冗余工作和信息传递过程中的时间损耗，各部门之间可以更好地协作，提高工作效率和响应速度。集成之后的信息不再封闭在分散的系统中，各部门的信息交换更加顺畅。企业通过信息共享，推动各部门之间的协同，优化业务流程。同时，数据集成也有利于企业发现潜在的机会和问题，提高生产效率。

（3）优化客户体验

企业在与客户的交互过程中也产生了大量的数据，其包括购买行为、偏好信息、个人数据等。企业通过数据集成并进一步分析，能够建立更准确的客户画像。数据可以帮助企业了解客户需求，优化产品和服务。同时，客户关系管理的优化也能促进客户反馈信息的及时收集和处理，帮助企业快速做出反应，提升企业的柔性。

（4）精益生产和供应链优化

通过对生产数据的实时监控和分析，企业能够及时识别和消除生产过程中的产能浪费，提高生产效率和资源利用率。此外，平台企业能够集成产业链上下游的数据，形成价格指数并进行需求预测，从而实现供应链各环节的协同和优化，减少库存成本和物流成本，提升供应链的响应速度和灵活性。

7.3　政府与企业共建：数据集成助力协同发展

为了深入了解目前平台的发展情况以及政企协同开展数据集成的可能性，今年3—5月本书作者对致景科技、盟大集团、SHEIN等开展了实地调研。

作为制造大省，工业始终是广东发展的重要引擎和支柱。为了深入贯彻党的二十大精神，推动新型工业化，促进制造业转型升级和高质量发展，2023年6月，《中共广东省委 广东省人民政府关于高质量建设制造强省的意见》提出，加快实现由制造大省向制造强省跨越，努力为广东在新征程中走在全国前列、创造新的辉煌提供有力支撑。作为新型工业化的发展底座，工业互联网平台在推动信息化与工业化融合发展的过程中发挥着重要作用，其建设发展近年来受到政府和社会的重点关注。

经过调研发现，工业互联网平台在服务行业的过程中积累了大量产业链上下游的数据，这些数据的价值有待挖掘。挖掘行业数据的价值，既有利于推进新型工业化，又能助力政府治理水平的进一步提升，实现治理能力的现代化，推进数字中国建设。本节将分析当前广东省典型工业互联网平台的总体发展情况，工业互联网平台数据积累及利用现状，并提出相关建议。

7.3.1　广东省工业互联网平台的总体发展情况

当前，消费互联网的增速放缓，工业互联网的潜力逐步释放。各个行业尤其是制造业工业互联网平台不断涌现，对产业数字化转型与智能化转型起到了巨大的推动作用。广东省工业互联网平台建设情况如下。

（1）平台数量持续增加

广东省作为制造大省，拥有众多的工业互联网平台，其涵盖电子、汽车、机械、化工、纺织、塑化等多个行业。根据广东省人民政府公布的数据，截至2022年9月，广东省累计培育300多个工业互联网行业标杆示范项目，引进培育543家优秀数字化转型服务商。与以往的数据相比，平台数据持续增长，能够有力支撑本省企业的数字化运营，助力企业降本增效。

（2）行业标杆建设稳步推进

跨行业跨领域工业互联网平台（下文简称"双跨"平台），经过几年的发展与沉淀，其数量已经从2019年的10个增加到2023年的50个。广东省作为首批国家级工业互联网示范区之一，在工业互联网平台行业标杆的建设方面取得了显著成就，走在全国的前列，其"双跨"平台的数量稳居全国第一。2022年，广东省的"双跨"平台达到6个，它们分别属于华为、富士康、树根互联、腾讯、美云智数以及华润数科。"双跨"平台在广东省的发展中发挥了重要的推动作用。它们通过整合产业链上下游的数据资源，实现了生产过程的数字化和智能化；同时基于大数据分析和人工智能等技术，能为企业提供精准的市场预测信息等，提升了企业的竞争力和创新能力。

（3）融合应用走深向实

国家工业信息安全发展研究中心近年发布的《工业互联网平台应用数据地图》显示，广东省的工业互联网平台应用水平在2021年与2022年间连续两年位列全国第一。根据广东省工业和信息化厅公布的数据，截至2022年9月，广东省已累计推动2.25万家工业企业运用工业互联网技术实施数字化转型，带动65万家企业"上线用云"。此外，"双跨"平台在应用场景建设、赋能企业数字化应用发展方面发挥巨大作用，例如截至2022年，华为FusionPlant平台已汇聚工业App超过2400个，连接工业设备总数超过240万套，服务工业企业超过了10万家；美云智数已为超过40个细分行业的21万多家工业企业提供数字化转型服务。

7.3.2　工业互联网平台数据积累及利用状况

为了掌握一手数据，2023年3—5月，我们到广东省多家工业互联网平台企业开展调研。目前，广东省"双跨"平台的发展得到广泛的关注，其他行业平台的发展得到的关注度较低。其中，纺织行业平台企业致景科技、塑化行业平台企业盟大集团展现出较强的代表性。作为纺织行业和塑化行业领先的工业互联网平台企业，致景科技和盟大集团已经建立了完整的平台生态和可持续发展的商业模式，在推动行业数字化转型升级方面成绩斐然。致景科技的成功之处在于将互联网技术与纺织行业深度融合，为行业提供了全方位的解决方案，推动了纺织行业的数字化转型升级，增强了自身的竞争力。盟大集团通过整合塑化行业的上下游数据，实现了对供应链的智能管理和优化，提高了生产和物流的效率，降低了成本。

（1）工业互联网平台企业积累了丰富的数据资源

调研发现，工业互联网平台企业通过构建一体化的数智化综合服务平台，打通了行业的信息流、物流和资金流，协助平台上的企业实现了工业设备、信息系统、业务流程、产品和服务、人员之间的互联互通，助力其实现协同化、智能化升级，同时为产业链上中下游企业降本增效提供智慧支持。工业互联网平台通过连接设备，采集企业数据，建立了行业数据库，积累了海量的数据资源。虽然致景科技、盟大集团的平台规模远未达到"双跨"级别，但是其拥有大量的行业数据，数据资源价值不容忽视。行业平台主要的数据资源如下。

一是行业整体生产数据。根据调研结果，致景科技旗下的"飞梭智纺"已经连接全国60万台织机、9000余家织厂。通过数智化平台赋能传统纺织产业，目前致景科技已经掌握纺织行业近70%的数据，能够精准有效地把握我国纺织行业的整体发展趋势以及存在的问题，精准锁定问题的责任主体，提升发现问题的及时性和解决问题的有效性。

二是行业整体交易行情数据。作为产业链的重要中枢，工业互联网平台企业通过建立交易平台，促进上下游的企业交易，实现供需匹配，既有助于下游客户快速实现订单的生产，又能帮助上游厂家充分利用产能。工业互联网平台企业通过撮合交易，能充分了解行业的交易状况，洞察市场需求及发展态势。

三是行业产能、物流、人才等区域分布数据。 工业互联网平台整合产业优势及资源，积极连接行业中下游合作企业，增加产业链的连接广度和深度，从而有效掌握产业的发展布局，对产能在全国的布局、在产和闲置的设备、在途物流、仓库存货量、员工等情况了如指掌。

（2）数据资源的潜在价值巨大

工业互联网平台积累的数据资源的价值被低估，数据资源的挖掘不足。数据资源至少有以下潜在价值。

一是提高产业政策的精准度与科学性。 基于行业的实时数据开展分析，能及时发现行业发展中的苗头性问题，针对性地制定治理方案，规范产业发展，提升政府的治理能力。

二是为供应链提供金融支持。 目前中小企业融资难的问题仍较为突出，推动产融服务是平台企业探索的新发展路径。工业互联网平台与金融机构合作，基于生产运营数据开展信用评估以及风险管控，既能为供应链企业提供资金支持，又能帮助金融机构降低信用评估成本，促进融资的实现。

三是驱动服务企业创新生产运营模式。 工业互联网平台能为服务企业提供基于数据的新技术、新模式、新服务等，有助于服务企业获得更强的决策力、洞察力和流程优化能力，驱动商业模式创新，实现智能化升级。

工业互联网平台以数据为基础，可以更加精准地洞察用户需求，围绕行业特点和企业的痛点问题，持续创新，优化解决方案及应用模式，扩大规模效应，提升核心竞争力。

（3）数据利用存在的问题

调研中，我们发现目前工业互联网平台对数据的利用仍存在以下问题。

一是数据利用程度低。目前平台积累的数据主要供平台自用，或者被提供给平台上的相关企业，例如供企业进行绩效考评、设备维护等内部管理，或者为外部采购、销售等市场活动提供指导。数据的价值并没有被充分挖掘。

二是数据挖掘的动力不足。数据挖掘需要投入大量的人力、物力，短时间内难以为工业互联网平台企业带来价值。由于缺乏相应的激励机制，平台企业深度挖掘数据的动力不足。

三是分析结果缺乏上报通道。目前，致景科技和盟大集团都开发了行业指数，这对企业投资和做出产销决策有重要的参考价值。若工业互联网平台企业拥有的数据能够为政府所用，将有助于政府精准把握行业运行态势，推进新型工业化。但这些数据往往只为企业服务，即便企业通过数据分析发现了重要的行业动态，也缺乏上报通道，导致无法将分析结果用于支撑决策。

7.3.3　培育"行业大脑"，推进政府和企业的数据协同集成

（1）制订"行业大脑"培育计划

目前不少工业细分行业已经有了成熟的工业互联网平台，有些行业在此方面还处于萌芽状态，或者早期的群雄逐鹿阶段。建议在重要行业开展试点工作，从目前建设的300多个行业标杆项目中分行业遴选一到两个规模优势领先、发展态势良好的工业互联网平台企业，将其纳入"行业大脑"培优库，给予其一定的资金或政策支持。同时，从广东省的发展目标以及行业发展现状出发，制订"行业大脑"培育计划，围绕平台的服务方式、数据处理方式等开展标准化建设，探索"行业大脑"的发展路径。定期监测考核进入培优库的平台企业培育和应用情况，对发展成效不明显的予以提醒，对连续一段时间未达到遴选标准的予以清退。

（2）与"行业大脑"合作搭建政企数据共享平台

工业互联网平台龙头企业拥有关于行业发展的大量数据。较之传统的经验决策，通过"数据＋算法"赋能的决策更加具有科学性和针对性。建议政

府与进入培优库的平台企业合作搭建政企数据共享平台，进一步挖掘平台的数据价值。在确保数据流通安全的前提下，与培优库中的平台企业积极沟通，明确政府使用数据的目的、范围和渠道，促进政企间数据高效、有序、安全地流通。对于开放数据积极性高、质量优的平台企业，给予相应的项目配套支持和专项资金、政策支持等。建议完善针对开放共享数据的平台企业的激励机制，提升平台企业开放数据共享的积极性。

（3）与"行业大脑"建立对接机制

建议有关部门打通工业互联网平台关于行业发展情况分析的直报通道，与工业互联网平台企业建立动态联系，完善政府的治理体系建设。鼓励工业互联网平台企业发挥自身优势，依靠掌握的行业信息，把握共性、突出个性，针对性地形成有根据、可操作性强、创新务实的决策建议并向上呈交。对于有价值的决策建议予以采纳，并对提出决策建议的平台企业给予一定的资金奖励。

（4）以政府购买服务的方式购买数据或服务

数据资源是企业的战略性资产，对其进行开发需要较高的成本。为了激励平台企业深度开发数据资源，建议以政府购买服务的方式购买企业数据或服务，设立"行业大脑"专项支出项目，向提供数据或服务的工业互联网平台企业支付数据使用费或咨询费。

7.4　小结

毋庸置疑，数据是数字时代的战略资源。政府作为社会治理的主力军，拥有丰富的公共数据资源，而企业则积累了大量与生产、销售、客户等相关的商业数据。无论是政府还是企业，整合自身的数据都能提高决策能力以及优化业务流程，提供工作效率。

更为重要的是，若政府和企业能够协同开展数据集成，将带来更大的优势，这体现在实现跨领域的信息互通和共享，优势互补。政府拥有跨部门、跨行业的视角，能够提供更全面的宏观市场信息和社会运行情况。而企业则更了解自身业务细节和市场竞争状况，能为政府提供更精准的市场需求和客户反馈数据。此外，政府的支持也为企业的数据集成提供了条件和保障。例如，政府在数据治理方面制定政策和标准，能够促进数据标准化并提高互操作性，降低数据集成的技术难度和成本。政府还可以加大对数据安全和隐私保护的监管力度，增强企业和公众对数据集成的信心。同时，政府通过鼓励企业主动参与数据开放和共享，促进跨企业数据集成，有助于形成产业链上下游的数据协同效应。通过数据协同集成，政府和企业将各自的优势数据进行整合，实现信息共享和交流，形成全面的数据画像，从而更准确地把握市场动态和社会发展趋势。

总体而言，政府和企业协同开展数据集成有利于提升治理能力和决策水平，促进数字化转型的全面推进。通过充分发挥数据的价值，政府和企业可以实现数据共赢，推动经济的可持续发展和社会的进步。政府支持和引导，企业积极参与，二者共同构建数据共享和协同的数字化生态系统，将为社会带来更多创新机会和价值。

致　谢

在本书的撰写与出版过程中，我们有幸得到了政府部门、众多企业以及个人的支持和帮助，在此向他们致以诚挚的感谢。

首先，我们要感谢广东省工业和信息化厅、广州市商务局有关负责同志的支持和帮助。在调研过程中，他们提供了关键的数据资源和权威的政策解读，并帮我们引荐了代表性企业，帮助我们全面深入地理解行业发展现状与趋势，确保了本书的选题与内容贴合政策导向，具备参考价值和实践意义。

在调研过程中，我们也得到了多家企业的帮助。在此，我们要感谢这些企业的负责人员所提供的专业支持与宝贵意见。按照调研的先后顺序，包括：好大夫在线、广州数据交易所、盟大集团、致景科技、SHEIN、欧派家居、鑫兴科技、铧禧科技、联柔机械等。这些企业以其深厚的行业积累和丰富的实践经验，为本书提供了有价值的研究案例或一手数据，使研究内容更具现实意义和学术价值。

还要感谢一直支持我们工作的专家与同学们。我们所在的团队负责人谢卫红教授经常组织我们开展调研和讨论，团队成员的智慧碰撞与无私分享，激发了我们的灵感，拓宽了我们的思维边界，为本书的内容增添了深度和广度。有些调研活动由许正中教授带队，他提出的批判性意见与创新性建议推动了本书内容结构的不断完善。我的研究生许睿、邓郁南、黄伟丽、罗嘉明等同学也参与了部分调研活动，并参与了书稿的讨论与校对工作。

此外，我们还要特别感谢人民邮电出版社及其专业的编辑团队。他们在本书的出版过程中，以严谨的态度和专业的技能，对选题和内容细节进行了细致全面的审核与优化，确保了内容的准确性、逻辑性与可读性。尤其是责任编辑林舒媛博士多次向我们反馈并讨论修改意见，数易其稿。正是他们对学术严谨性的高度坚持和对出版质量的严格把关，使得本书的表达更加精准，结构更加清晰，内容更加契合读者的需求。

最后，我们向每一位关注并阅读此书的读者表达我们诚挚的谢意。你们的关注与支持，赋予了本书生命与活力。我们深知，一本学术专著的价值在于其能够引发读者的讨论与思考，因此，我们力求以最严谨的态度、最清晰的逻辑，传达我们的研究成果与见解，希望能为相关领域的研究与发展提供启发与参考。同时，我们也期待读者批评指正，以进一步完善我们的研究成果。

再次向所有帮助过我们的人表示最深的感谢，因为你们的支持与陪伴，我们才得以完成这部学术专著。愿本书在未来能继续为学术研究和实践探索提供参考价值，并为推动相关领域的发展贡献绵薄之力。

2024 年 12 月

王　忠　陈冰莹

附录：中国互联网医疗准入政策相关文件

文件编号	文件名称	发布或成文时间	发文机关	内容或解读
01	《关于加强远程医疗会诊管理的通知》	1999-01-04（2020-12-30失效）	原国家卫生部	1．远程医疗会诊在中国尚处于起步阶段 2．进行远程医疗会诊的医疗机构必须取得《医疗机构职业许可证》 3．进行远程医疗会诊的医师必须具有副高及以上职称
02	《关于推进医疗机构远程医疗服务的意见》	2014-08-21	原国家卫生计生委	医务人员向本医疗机构外的患者直接提供远程医疗服务的，应当经其执业注册的医疗机构同意，并使用医疗机构统一的信息平台为患者提供诊疗服务
03	《国务院关于积极推进"互联网+"行动的指导意见》	2015-07-04	国务院	1．提出发展基于互联网的医疗卫生服务 2．支持第三方机构构建医疗信息共享服务平台 3．鼓励互联网企业与医疗机构合作建立医疗网络信息平台
04	《国务院办公厅关于促进"互联网+医疗健康"发展的意见》	2018-04-28	国务院办公厅	1．允许依托医疗机构发展互联网医院 2．支持符合条件的第三方机构搭建互联网信息平台，开展远程医疗、健康咨询、健康管理服务
05	《互联网诊疗管理办法（试行）》《互联网医院管理办法（试行）》《远程医疗服务管理规范（试行）》	2018-07-17	卫生健康委、中医药局	1．明确互联网诊疗活动准入条件 2．明确互联网医院准入条件

文件编号	文件名称	发布或成文时间	发文机关	内容或解读
06	《关于进一步做好分级诊疗制度建设有关重点工作的通知》	2018-08-07	卫生健康委、中医药局	1．推动远程医疗服务覆盖所有医联体，重点发展面向边远、贫困地区的远程医疗协作网 2．鼓励医联体、医共体使用电子健康卡实现基层首诊、远程会诊、双向转诊"一卡通"
07	《关于印发医疗联合体管理办法（试行）的通知》	2020-07-09	卫生健康委、中医药局	明确"医疗联合体"概念，并提出各牵头单位应当发挥技术辐射带动作用，逐步推进互联网诊疗
08	《国务院办公厅关于推动公立医院高质量发展的意见》	2021-06-04	国务院办公厅	1．强调公立医院是我国医疗服务体系的主体 2．提出公立医院应大力发展远程医疗和互联网诊疗
09	《关于深入推广福建省三明市经验 深化医药卫生体制改革的实施意见》	2021-10-08	国务院深化医药卫生体制改革领导小组	推广"地方政府提供模式"的成功经验，表明"地方政府提供模式"在国内的试点成功和正式推广
10	《关于印发互联网诊疗监管细则（试行）的通知》	2022-02-08	国家卫生健康委办公厅、国家中医药局办公室	1．细化互联网诊疗患者准入的要求 2．提出医疗机构应当对开展互联网诊疗活动的医务人员建立考核、准入、退出机制
11	《关于通报表扬数字健康典型案例（第二批）的通知》	2022-05-31	国家卫生健康委办公厅	吉林大学第一医院位列十个"互联网+医疗健康"发展可复制推广示范案例，标志着"医疗机构提供模式"的成功实践

参考文献

[1] 李金华. 第四次工业革命的兴起与中国的行动选择[J]. 新疆师范大学学报（哲学社会科学版），2018, 39(3): 77-86+2.

[2] 金姝彤，王海军，陈劲，等. 模块化数字平台对企业颠覆性创新的作用机制研究：以海尔cosmoplat为例[J]. 研究与发展管理，2021, 33(6): 18-30.

[3] 程贵孙，陈宏民，孙武军. 双边市场视角下的平台企业行为研究[J]. 经济理论与经济管理，2006(9): 55-60.

[4] 罗敬蔚. 数字经济背景下消费者权益保护面临的挑战与治理对策：兼析利用算法侵害消费者权益的规则路径[J]. 价格理论与实践，2023(2): 32-35.

[5] 吴瑶，肖静华，谢康，等. 从价值提供到价值共创的营销转型：企业与消费者协同演化视角的双案例研究[J]. 管理世界，2017(4): 138-157.

[6] 姚曦，李斐飞. 精准·互动：数字传播时代广告公司业务模式的重构[J]. 新闻大学，2017(1): 116-124+152.

[7] 张北平. 以消费者为中心的营销大数据平台建设[J]. 企业管理，2017(11): 97-99.

[8] 屈娟娟. 人工智能及大数据技术在数字营销中的应用[J]. 商业经济研究，2020(10): 78-80.

[9] 马永开，李仕明，潘景铭. 工业互联网之价值共创模式[J]. 管理世界，2020, 36(8): 211-222.

[10] 王薇. 数字经济背景下中国式工业现代化的转型[J]. 西安财经大学学报，2023, 36(2): 12-20.

[11] 徐伟呈，魏宁康，王潇. 新一代信息技术对劳动力结构调整的影响研究：基于中国三大产业劳动力份额变动的视角[J]. 华东经济管理，2023, 37(3): 95-106.

[12] 贾利军，陈恒烜. 数字技术赋能制造业高质量发展的关键突破路径[J]. 教学与研究，2022(9): 26-39.

[13] 贾根良. 第三次工业革命与工业智能化[J]. 中国社会科学，2016(6): 87-106+206.

[14] 杨述明. 人类社会演进的逻辑与趋势：智能社会与工业社会共进[J]. 理论月刊，2020(9): 46-59.

[15] 陈剑，黄朔，刘运辉. 从赋能到使能：数字化环境下的企业运营管理[J]. 管理世

界, 2020, 36(2): 117-128+222.

[16] 邵婧婷. 数字化、智能化技术对企业价值链的重塑研究 [J]. 经济纵横, 2019(9): 95-102.

[17] 陶佩琼. 日本信息化、信息社会的发展水平和展望 [J]. 科学学研究, 1987(3): 95-102.

[18] LEGNER C, EYMANN T, HESS T, et al. Digitalization: Opportunity and Challenge for the Business and Information Systems Engineering Community[J]. Business & Information Systems Engineering, 2017, 59(4): 301-308.

[19] SCOTT B, DANIEL K. Digitalization and Digitization-Culture Digitally[EB]. (2014-09-08).

[20] DOBRICA S. From Digitization and Digitalization to Digital Transformation: A Case for Grey Literature Management[J]. Grey Journal, 2020, 16: 28-33.

[21] 晨晓. 尼葛洛庞帝：数字化的预言家和实践者 [J]. 经济世界, 1999(4): 27-29.

[22] JAMES B. The Control Revolution[M]. Cambridge: Harvard University Press, 1989.

[23] BAILOM F, MATZLER K, EICHEN S, et al. Digital Disruption: Wie Sie Ihr Unternehmen Auf Das Digitale Zeitalter Vorbereiten[M]. München: Verlag Franz Vahlen, 2016.

[24] I-SCOOP. Digitization, Digitalization, Digital and Transformation: The Differences[EB]. (2017-02-02).

[25] 谢康, 夏正豪, 肖静华. 大数据成为现实生产要素的企业实现机制：产品创新视角 [J]. 中国工业经济, 2020(5): 42-60.

[26] 高富平, 冉高苒. 数据要素市场形成论：一种数据要素治理的机制框架 [J]. 上海经济研究, 2022(9): 70-86.

[27] PAUL L, JEFFREY T. Behavioral Visibility: A New Paradigm for Organization Studies in the Age of Digitization, Digitalization, and Datafication[J]. Organization Studies, 2020, 41(12): 1601-1625.

[28] 姜浩. 数据化：由内而外的智能 [M]. 北京：中国传媒大学出版社, 2017.

[29] 孙新波, 孙浩博, 钱雨. 数字化与数据化：概念界定与辨析 [J]. 创新科技, 2022, 22(6): 12-30.

[30] 罗斌元, 陈艳霞. 数智化如何赋能经济高质量发展：兼论营商环境的调节作用 [J]. 科技进步与对策, 2022, 39(5): 61-71.

[31] 陈国青, 任明, 卫强, 等. 数智赋能: 信息系统研究的新跃迁[J]. 管理世界, 2022, 38(1): 180-196.

[32] 朱秀梅, 刘月. 企业数智转型能力形成机理: 基于海尔集团"知行合一"的单案例研究[J]. 经济管理, 2021, 43(12): 98-114.

[33] SEBASTIAN I M, MOLONEY K G, ROSS J W, et al. How Big Old Companies Navigate Digital Transformation[J]. Mis Quarterly Executive, 2017, 16(3): 197-213.

[34] ANANDHI B, OMAR E S, PAUL P, et al. Digital Business Strategy: Toward a Next Generation of Insights[J]. Mis Quarterly, 2013, 37(2):471-482.

[35] 蔡莉, 杨亚倩, 卢珊, 等. 数字技术对创业活动影响研究回顾与展望[J]. 科学学研究, 2019, 37(10): 1816-1824+1835.

[36] NAMBISAN S, LYYTINEN K, MAJCHRZAK A, et al. Digital Innovation Management: Reinventing Innovation Management Research in a Digital World[J]. Mis Quarterly, 2017, 41(1): 223-238.

[37] YOO Y J. Computing in Everyday Life: A Call for Research on Experiential Computing[J]. Mis Quarterly, 2010, 34(2): 213.

[38] 郭海, 杨主恩. 从数字技术到数字创业: 内涵、特征与内在联系[J]. 外国经济与管理, 2021, 43(9): 3-23.

[39] LYYTINEN K, YOO Y J, BOLAND R. Digital Product Innovation Within Four Classes of Innovation Networks[J]. Information Systems Journal, 2016, 26(1): 47-75.

[40] 刘检华, 李坤平, 庄存波, 等. 大数据时代制造企业数字化转型的新内涵与技术体系[J]. 计算机集成制造系统, 2022, 28(12): 3707-3719.

[41] KRISTIN T, STEWART T, ANTHONY H. The Fourth Paradigm: Data-Intensive Scientific Discovery[J]. Proceedings of the Ieee, 2011, 99(8): 1334-1337.

[42] 方巍, 郑玉, 徐江. 大数据: 概念、技术及应用研究综述[J]. 南京信息工程大学学报（自然科学版）, 2014, 6(5): 405-419.

[43] RAGHUPATHI W, RAGHUPATHI V. Big Data Analytics in Healthcare: Promise and Potential[J]. Health Information Science and Systems, 2014, 2(1): 3.

[44] STEPHANIE H, CARLY S, JOSHUA T, et al. Big Data and the Future of Ecology[J]. Frontiers in Ecology and the Environment, 2013, 11(3): 156-162.

[45] 秦萧, 甄峰, 熊丽芳, 等. 大数据时代城市时空间行为研究方法[J]. 地理科学进展, 2013, 32(9): 1352-1361.

[46] 邵磊, 厉基巍, 杨春志. 大数据视角下的未来人居: 清华大学"大数据与未来人居"学术研讨会综述 [J]. 城市发展研究, 2015, 22(9): 121-124.

[47] 付玉辉. 2015 年中国新媒体传播研究综述 [J]. 国际新闻界, 2016, 38(1): 28-41.

[48] 金虹, 林晓伟. 我国跨境电子商务的发展模式与策略建议 [J]. 宏观经济研究, 2015(9): 40-49.

[49] 曹军威, 袁仲达, 明阳阳, 等. 能源互联网大数据分析技术综述 [J]. 南方电网技术, 2015, 9(11): 1-12.

[50] 许子明, 田杨锋. 云计算的发展历史及其应用 [J]. 信息记录材料, 2018, 19(8): 66-67.

[51] 王雄. 多云正在成为一种常态 [J]. 计算机与网络, 2019, 45(8): 51.

[52] 龚惠群, 黄超. 物联网新兴产业的发展趋势分析 [J]. 产业经济评论, 2023(2): 198-216.

[53] 黄静. 物联网综述 [J]. 北京财贸职业学院学报, 2016, 32(6): 21-26.

[54] 李剑光, 王艳春, 朱惠华. 移动互联网环境下基础力学移动学习模式研究 [J]. 高教学刊, 2019(19): 76-79.

[55] ALAN T. Computing Machinery and Intelligence[J]. Mind, 1950(43): 433-460.

[56] MCCARTHY J. Artificial Intelligence, Logic and Formalizing Common Sense[M]. Dordrecht: Springer Netherlands, 1989.

[57] 苗田, 张旭, 熊辉, 等. 数字孪生技术在产品生命周期中的应用与展望 [J]. 计算机集成制造系统, 2019, 25(6): 1546-1558.

[58] MICHAEL G. Digital Twin: Manufacturing Excellence Through Virtual Factory Replication[Z]. 2015.

[59] MICHAEL G. Virtually Perfect: Driving Innovative and Lean Products Through Product Lifecycle Management[M]. Florida: Spale Coast Press, 2011.

[60] 于勇, 范胜廷, 彭关伟, 等. 数字孪生模型在产品构型管理中应用探讨 [J]. 航空制造技术, 2017(7): 41-45.

[61] 余诗曼, 许奕玲, 麦筹璋, 等. 虚拟现实技术的应用现状及发展研究 [J]. 大众标准化, 2021(21): 35-37.

[62] 孟天广. 数字治理全方位赋能政府数字化转型 [J]. 中国财政, 2022(4): 20-21.

[63] 冯昊茹. 数字金融下经济数字化转型与高质量发展 [J]. 财会学习, 2022(22): 153-156.

[64] YOO Y J, HENFRIDSSON O, LYYTINEN K. The New Organizing Logic of Digital Innovation: An Agenda for Information Systems Research[J]. Information Systems Research, 2010, 21: 724-735.

[65] 王茹芹, 杨韵江, 徐蕴峰. 准确把握世界数字经济趋势 高质量推进数字中国建设[J]. 智慧中国, 2022(1): 22-26.

[66] 张路娜, 胡贝贝, 王胜光. 数字经济演进机理及特征研究[J]. 科学学研究, 2021, 39(3): 406-414.

[67] 韩凤芹, 陈亚平. 数字经济的内涵特征、风险挑战与发展建议[J]. 河北大学学报（哲学社会科学版）, 2022, 47(2): 54-61.

[68] 王春英, 陈宏民, 杨云鹏. 数字经济时代平台经济垄断问题研究及监管建议[J]. 电子政务, 2021(5): 2-11.

[69] 杨佩卿. 数字经济的价值、发展重点及政策供给[J]. 西安交通大学学报（社会科学版）, 2020, 40(2): 57-65+144.

[70] 姚震宇. 区域市场化水平与数字经济竞争：基于数字经济指数省际空间分布特征的分析[J]. 江汉论坛, 2020(12): 23-33.

[71] 李载驰, 吕铁. 数字化转型：文献述评与研究展望[J]. 学习与探索, 2021(12): 130-138.

[72] 李一. "数字社会"的发展趋势、时代特征和业态成长[J]. 中共杭州市委党校学报, 2019(5): 83-90.

[73] 张榕. 数字化转型赋能企业高质量发展[J]. 国际工程与劳务, 2022(4): 21-24.

[74] 王雷, 韩磊杰. 企业数字化转型中的逻辑性数据孤岛破解机制研究[J]. 改革与开放, 2022(10): 57-64.

[75] 金俭. 超越市场力量和垄断力量：平台经济时代的反垄断规制[J]. 比较法研究, 2023(1): 19-31.

[76] 王乐. "数字遗民"与数字赋能：数字时代技术伦理的困境与出路[J]. 昆明理工大学学报（社会科学版）, 2022, 22(5): 53-59.

[77] 陈戈. 数字城乡融合须破解"数字鸿沟"[J]. 中国信息界, 2022(4): 50-52.

[78] Accenture. 2022 中国企业数字化转型指数[EB]. (2022-10-28).

[79] MONOD E, EISNER A, JOYCE E, 等. 数字化转型：走向人与数字化协同的竞争力模型：来自中国企业的证据[J]. 信息技术与网络安全, 2021, 40(7): 34-41.

[80] Mckinsey. The Keys to a Successful Digital Transformation[EB]. (2018-10-29).

[81]   CHRISTIAN M, THOMAS H, ALEXANDER B. Digital Transformation Strategies[J]. Business & Information Systems Engineering, 2015, 57(5): 339-343.

[82]   GREGORY V. Understanding Digital Transformation: A Review and a Research Agenda[J]. The Journal of Strategic Information Systems, 2019, 28(2): 118-144.

[83]   LI L, SU F,ZHANG W, et al. Digital Transformation by Sme Entrepreneurs: A Capability Perspective[J]. Information Systems Journal, 2018, 28(6): 1129-1157.

[84]   PICCININI E, HANELT A, GREGORY R, et al. Transforming Industrial Business: The Impact of Digital Transformation on Automotive Organizations[C]. International Conference on Interaction Sciences, 2015.

[85]   FITZGERALD M, KRUSCHWITZ N, BONNET D, et al. Embracing Digital Technology: A New Strategic Imperative[J]. Mit Sloan Management Review, 2013: 1-12.

[86]   HEILIG L, SCHWARZE S,VOSS S.An Analysis of Digital Transformation in the History and Future of Modern Ports[C]. Proceedings of the 50th Hawaii International Conference on System Sciences, 2017 .

[87]   THOMAS H, CHRISTIAN M, ALEXANDER B,et al. Options for Formulating a Digital Transformation Strategy[J]. MIS Quarterly Executive, 2016,15(2):123-139.

[88]   AGARWAL R, GAO G, DESROCHES C, et al. The Digital Transformation of Healthcare: Current Status and the Road Ahead[J]. Information Systems Research, 2010, 21: 796-809.

[89]   朱秀梅, 林晓玥. 企业数字化转型：研究脉络梳理与整合框架构建[J]. 研究与发展管理, 2022, 34(04): 141-155.

[90]   ALBENA P, TATIANA M, RALITSA S, et al. Democratizing Entrepreneurship? Digital Technologies and the Internationalization of Female-Led Smes[J]. Journal of Small Business Management, 2018, 57: 1-26.

[91]   刘雪婷. 数字经济时代个人信息保护的法治规范及机制构建[J]. 吉首大学学报 (社会科学版), 2022, 43(4): 137-147.

[92]   方志伟, 王建文. 从个人信息到数据要素：个人信息商业利用的制度安排——以《个人信息保护法》为中心[J]. 广东社会科学, 2022(1): 239-248.

[93]   卢家银. 无奈的选择：数字时代隐私让渡的表现、原因与权衡[J]. 新闻与写作, 2022(1): 14-21.

[94]   BARNES S. A Privacy Paradox: Social Networking in the United States[J]. First Monday, 2006, 11.

[95]   唐要家. 中国个人隐私数据保护的模式选择与监管体制[J]. 理论学刊, 2021(1): 69-77.

[96]   王琰, 赵婕. 大数据时代被遗忘权的现实逻辑与本土建构[J]. 南昌大学学报(人文社会科学版), 2020, 51(6): 103-111.

[97]   钟伟. 警惕数据寡头终极垄断[J]. 新金融, 2020(1): 14-18.

[98]   丁晓东. 个人信息权利的反思与重塑: 论个人信息保护的适用前提与法益基础[J]. 中外法学, 2020, 32(2): 339-356.

[99]   姚敏. 强化平台经济数据监管的策略选择[J]. 群众, 2021(8): 49-50.

[100]   董军, 程昊. 大数据时代个人的数字身份及其伦理问题[J]. 自然辩证法研究, 2018, 34(12): 76-81.

[101]   王德夫. 大数据时代下个人信息面临的新风险与制度应对[J]. 西安交通大学学报(社会科学版), 2019, 39(6): 123-132.

[102]   张欧阳. 网络民主的要素分析[J]. 兰州学刊, 2012(12): 176-180.

[103]   段伟文. 人工智能时代的价值审度与伦理调适[J]. 中国人民大学学报, 2017, 31(6): 98-108.

[104]   United Nations. 2019年数字经济报告——价值创造和捕获: 对发展中国家的影响[R]. United Nations, 2019.

[105]   OECD. Role of Digital Platforms in the Collection of Vat/Gst on Online Sales[EB]. (2019-01-01).

[106]   钱雨, 孙新波, 苏钟海, 等. 传统企业动态能力与数字平台商业模式创新机制的案例研究[J]. 研究与发展管理, 2021, 33(1): 175-188.

[107]   MCINTYRE D, SRINIVASAN A, AFUAH A, et al. Multisided Platforms as New Organizational Forms[J]. Academy of Management Perspectives, 2021, 35(4): 566-583.

[108]   SCHMIDT F A. Digital Labour Markets in the Platform Economy[J]. Mapping the Political Challenges of Crowd Work and Gig Work, 2017, 7: 2016.

[109]   EISENMANN T, PARKER G, ALSTYNE M. Platform Envelopment[J]. Strategic Management Journal, 2011, 32(12): 1270-1285.

[110]   KENNEY M, JOHN Z. The Rise of the Platform Economy[J]. Issues in Science and

Technology, 2016, 32(3): 61.

[111] RIETVELD J, SCHILLING M A. Platform Competition: A Systematic and Interdisciplinary Review of the Literature[J]. Journal of Management, 2021, 47(6): 1528-1563.

[112] COHEN J E. Law for the Platform Economy[J]. U.C. Davis Law Review, 2017, 51: 133.

[113] DREWEL M, ÖZCAN L, KOLDEWEY C, et al. Pattern-Based Development of Digital Platforms[J]. Creativity and Innovation Management, 2021, 30(2): 412-430.

[114] GAWER A, MICHAEL A C. Platform Leaders[J]. Mit Sloan Management Review, 2015: 68-75.

[115] 刘云. 互联网平台反垄断的国际趋势及中国应对[J]. 政法论坛, 2020, 38(6): 92-101.

[116] KENNEY M, ZYSMAN J. Work and Value Creation in the Platform Economy[M]. Leeds: Emerald Publishing Limited, 2019.

[117] KENNEY M, JOHN Z. Choosing a Future in the Platform Economy: The Implications and Consequences of Digital Platforms[C]. The Berkeley Roundtable on the International Economy, 2015.

[118] 张小宁. 平台战略研究评述及展望[J]. 经济管理, 2014, 36(3): 190-199.

[119] 朱芳芳. 平台商业模式研究前沿及展望[J]. 中国流通经济, 2018, 32(5): 108-117.

[120] 陈昱. 提供者对共享经济平台信任的影响因素分析: 以二手平台闲鱼为例[J]. 中国物价, 2023(3): 122-124.

[121] AMSHOFF B, DÜLME C, ECHTERFELD J, et al. Business Model Patterns for Disruptive Technologies[J]. International Journal of Innovation Management, 2005, 19(3): 1540002.

[122] CENNAMO C. Competing in Digital Markets: A Platform-Based Perspective[J]. Academy of Management Perspectives, 2021, 35(2): 265-291.

[123] SEBASTIAN H, TOBIAS R, ERIC C. The Digital Transformation of the Healthcare Industry: Exploring the Rise of Emerging Platform Ecosystems and Their Influence on the Role of Patients[J]. 2020, 13(3): 1033-1069.

[124] 万兴, 邵菲菲. 数字平台生态系统的价值共创研究进展[J]. 首都经济贸易大学学报, 2017, 19(5): 89-97.

[125] FUSTER M, ESPELT R, SENABRE E. Data for Sustainable Platform Economy: Connections Between Platform Models and Sustainable Development Goals[J]. Data, 2021, 6(2): 7.

[126] LAUKKANEN M, TURA N. The Potential of Sharing Economy Business Models for Sustainable Value Creation[J]. Journal of Cleaner Production, 2020, 253: 120004.

[127] 纪园园, 张美星, 冯树辉. 平台经济对产业结构升级的影响研究: 基于消费平台的视角 [J]. 系统工程理论与实践, 2022, 42(6): 1579-1590.

[128] SIMON B, GARY L, CARIN R. Exploring the Concept of Production Platforms - A Literature Review[J]. Procedia Cirp, 2021, 104: 158-163.

[129] 蔡超. 论数字平台企业对消费过程的嵌入式改造: 基于马克思的消费费用理论 [J]. 理论月刊, 2023(6): 89-96.

[130] IDC, 华为. 拥抱变化, 智胜未来: 数字平台破局企业数字化转型 [EB]. (2019).

[131] 尹振涛, 陈媛先, 徐建军. 平台经济的典型特征、垄断分析与反垄断监管 [J]. 南开管理评论, 2022, 25(3): 213-226.

[132] ARMSTRONG M. Competition in Two-Sided Markets[J]. The Rand Journal of Economics, 2006, 37(3): 668-691.

[133] 张淑芬, 郑联盛. 大型互联网平台的特征、垄断行为与反垄断路径: 基于大数据视角 [J]. 重庆理工大学学报 (社会科学版), 2022, 36(9): 65-73.

[134] ROCHET J, TIROLE J. Two-Sided Markets: A Progress Report[J]. The Rand Journal of Economics, 2006, 37(3): 645-667.

[135] ROCHET J, TIROLE J. Platform Competition in Two-Sided Markets[J]. Journal of the European Economic Association, 2003, 1(4): 990-1029.

[136] KATZ M L, SHAPIRO C. Network Externalities, Competition, and Compatibility[J]. American Economic Review, 1985, 75(3): 424-440.

[137] GAUTIER A, LAMESCH J. Mergers in the Digital Economy[J]. Information Economics and Policy, 2021, 54: 100890.

[138] MARIN J, DAVID S, VINIT P. Co-Evolution of Platform Architecture, Platform Services, and Platform Governance: Expanding the Platform Value of Industrial Digital Platforms[J]. Technovation, 2022, 118: 102218.

[139] MICHELE F. Digital Co-Regulation: Designing a Supranational Legal Framework for the Platform Economy[J]. European Law Review, 2018, 43(1): 47-68.

[140] MIKKO H, ANSSI S, LASSE M. Digitalization in Retailing: Multi-Sided Platforms as Drivers of Industry Transformation[J]. Baltic Journal of Management, 2017, 13(2): 152-168.

[141] ALMAZUR B, ARIZE A C, GIULIANA C A. The Reasons and Evaluations of Mergers and Acquisitions[J]. Accounting and Finance Research, 2018, 7(3): 211.

[142] REZA Y, MONA Y, STUART L. Mergers and Acquisitions: A Review(Part 1)[J]. Studies in Economics & Finance, 2016, 33(1): 147-188.

[143] REZA Y, MONA Y, STUART L. Mergers and Acquisitions: A Review (Part 2)[J]. Studies in Economics & Finance, 2016, 33(3): 437-464.

[144] 黄坤. 并购审查中相关市场界定的方法研究：临界损失分析的框架、拓展和新思路 [J]. 财经论丛, 2014, 8: 78-86.

[145] 乔岳, 张兴文. 并购反垄断执法中相关市场界定：基于商务部反垄断局审查案例的研究 [J]. 财经问题研究, 2016, 5: 30-36.

[146] 王继荣. 经营者集中市场进入审查的经济学和法律分析 [J]. 竞争法律与政策评论, 2018, 4: 188-207.

[147] ESTEVES R B, VASCONCELOS H. Price Discrimination Under Customer Recognition and Mergers[J]. Journal of Economics & Management Strategy, 2015, 24(3): 523-549.

[148] JAMESDAVID C, GOLDFARB A, TUCKER C. Privacy Regulation and Market Structure[J]. Journal of Economics & Management Strategy, 2015, 24(1): 47-73.

[149] NATHAN N. Search, Antitrust and the Economics of the Control of User Data[J]. Yale Journal on Regulation, 2013, 31(2): 5.

[150] STUCKE M E, GRUNES A P. Big Data and Competition Policy[M]. New York: Oxford University, 2016.

[151] 陈兵. 大数据的竞争法属性及规制意义 [J]. 法学, 2018, 8: 107-123.

[152] FROEB L, O'BRIEN D. Does Price Discrimination Intensify Competition? Implications for Antitrust[J]. Antitrust Law Journal, 2005, 72(2): 327-373.

[153] KIM J, WAGMAN L, WICKELGREN A L. The Impact of Access to Consumer Data on the Competitive Effects of Horizontal Mergers and Exclusive Dealing[J]. Journal of Economics & Management Strategy, 2019, 28(3): 373-391.

[154] 韩春霖. 反垄断审查中数据聚集的竞争影响评估：以微软并购领英案为例 [J]. 财

经问题研究, 2018, 6: 27-34.

[155] 前瞻产业研究院. 2022年中国零售电商行业市场规模及竞争格局分析[EB]. (2022).

[156] MONTALBAN M, FRIGANT V, JULLIEN B. Platform Economy as a New Form of Capitalism: A Régulationist Research Programme[J]. Cambridge Journal of Economics, 2019, 43:805-824.

[157] YOU C. Law and Policy of Platform Economy in China[J]. Computer Law & Security Review, 2020, 39: 105-493.

[158] LYN H, GRANT B, ANABEL Q. The Winners and the Losers of the Platform Economy: Who Participates?[J]. Information Communication & Society, 2020, 23(3): 1-20.

[159] 孙晋. 数字平台的反垄断监管[J]. 中国社会科学, 2021(5): 101-127+206-207.

[160] 史丹, 李少林. 双边市场视域下的平台经济: 运行机制与治理逻辑[J]. 东南学术, 2023(1): 170-181.

[161] 伏啸, 李玲芳, 居恒. 数字平台竞争问题综述和研究展望[J]. 研究与发展管理, 2022, 34(6): 1-13.

[162] ADAM C. Behavioral Economics, Internet Search, and Antitrust[J]. SSRN Electronic Journal, 2014, 256(4): 1515-1547.

[163] TOKER D. Exclusive Dealing with Network Effects[J]. International Journal of Industrial Organization, 2010, 28(2): 145-154.

[164] 陈冬梅, 王俐珍, 陈安霓. 数字化与战略管理理论: 回顾、挑战与展望[J]. 管理世界, 2020, 36(5): 220-236+20.

[165] 吕铁. 传统产业数字化转型的趋向与路径[J]. 人民论坛·学术前沿, 2019(18): 13-19.

[166] 苏治, 荆文君, 孙宝文. 分层式垄断竞争:互联网行业市场结构特征研究: 基于互联网平台类企业的分析[J]. 管理世界, 2018, 34(4): 80-100+187-188.

[167] 工业和信息化部办公厅. 中小企业数字化转型指南[EB]. (2022).

[168] 杨立新, 韩煦. 网络交易平台提供者的法律地位与民事责任[J]. 江汉论坛, 2014(5): 84-90.

[169] OJALA A, EVERS N, RIALP A. Extending the International New Venture Phenomenon to Digital Platform Providers: a Longitudinal Case Study[J]. Journal of

World Business, 2018, 53(5): 725-739.

[170] JULLIEN B, PAVAN A. Information Management and Pricing in Platform Markets[J]. Review of Economic Studies, 2019, 86(4): 1666-1703.

[171] OJALA A, LYYTINEN K. Competition Logics During Digital Platform Evolution[C].Hawaii International Conferenle or System Science, 2018.

[172] 李海舰, 田跃新, 李文杰. 互联网思维与传统企业再造[J]. 中国工业经济, 2014(10): 135-146.

[173] 李文莲, 夏健明. 基于"大数据"的商业模式创新[J]. 中国工业经济, 2013(5): 83-95.

[174] 吴义爽, 徐梦周. 制造企业"服务平台"战略、跨层面协同与产业间互动发展[J]. 中国工业经济, 2011(11): 48-58.

[175] 蔡宁, 刘双, 王节祥, 等. 平台生态系统战略更新的过程机制研究：相互依赖关系构建的视角[J]. 南开管理评论, 2023: 1-19.

[176] 王节祥, 陈威如, 江诗松, 等. 平台生态系统中的参与者战略：互补与依赖关系的解耦[J]. 管理世界, 2021, 37(2): 126-147+10.

[177] 陈威如, 王节祥. 依附式升级：平台生态系统中参与者的数字化转型战略[J]. 管理世界, 2021, 37(10): 195-214.

[178] LI L, SU F, ZHANG W, et al. Digital Transformation by SME Entrepreneurs: A Capability Perspective[J]. Information Systems Journal, 2017, 28:1129-1157.

[179] 邹青松. 内部管理型规制：数字经济风险的欧盟法回应[J]. 南京大学学报（哲学·人文科学·社会科学）, 2023, 60(1): 105-115.

[180] 方小敏, 张亚贤. 超级平台市场力量的三种规制模式[J]. 南京大学学报（哲学·人文科学·社会科学）, 2023, 60(1): 94-104+162.

[181] 郭传凯. 超级平台企业滥用市场力量行为的法律规制：一种专门性规制的路径[J]. 法商研究, 2022, 39(6): 45-57.

[182] TERRY F. Communication Futures for Internet Governance[J]. SSRN Electronic Journal, 2021:1-13.

[183] 林秀芹. 论数字经济反垄断的范式转变：以欧盟《数字市场法》为镜鉴[J]. 知识产权, 2022(7): 3-19.

[184] 温雅婷, 余江, 洪志生, 等. 数字化转型背景下公共服务创新路径研究：基于多中心-协同治理视角[J]. 科学学与科学技术管理, 2021, 42(3): 101-122.

[185] 潘巧虹, 骆温平, 王婧, 等. 数字平台的合法性建设与治理研究[J]. 科学学研究, 2023, 41(6): 1076-1084.

[186] 孟凡新. 数字经济视角下网络服务交易平台治理框架和机制研究[J]. 电子政务, 2023(3): 32-42.

[187] 王勇, 张玮艺, 伍凌智. 论平台企业"开放中立"的治理原则[J]. 改革, 2022(4): 55-67.

[188] 张敬博, 席酉民, 孙悦. 张力视角下的平台组织治理规则: 基于海尔平台的案例研究[J]. 西安交通大学学报(社会科学版), 2022, 42(1): 141-154.

[189] 房佃辉. 反垄断法下平台自我优待行为的规制路径探析[J]. 金融与经济, 2023(2): 41-50+63.

[190] 杨东, 臧俊恒. 数据生产要素的竞争规制困境与突破[J]. 国家检察官学院学报, 2020, 28(6): 143-159.

[191] 程增雯. 平台经济领域自治算法滥用与反垄断规制[J]. 南方金融, 2021, 542: 87-95.

[192] 周恒. 受规整的自治: 论对互联网平台自治规范的审查[J]. 天津行政学院学报, 2022, 24(4): 73-83.

[193] Bundeskartellamt. Bundeskartellamt Prohibits Facebook from Combining User Data from Different Sources Background Information on the Bundeskartellamt's Facebook Proceeding[EB]. (2019-02-07).

[194] 楼秋然. 美国法上的网约车监管理论与实: 兼评七部门《网络预约出租汽车经营服务管理暂行办法》[J]. 政治与法律, 2017(10): 100-112.

[195] FERRERI M, SANYAL R. Platform Economies and Urban Planning: Airbnb and Regulated Deregulation in London[J]. Urban Studies, 2018, 55(15): 3353-3368.

[196] FRANCIS B, GABRIELLE D. Profit-Splitting Rules and the Taxation of Multinational Digital Platforms[J]. International Tax and Public Finance, 2021, 2: 1-35.

[197] CUEVAS A, CUEVAS R, LASSMANN A, et al. The Taxman Calls. How Does Facebook Answer? Global Effects of Taxation on Online Advertising[J]. NET Institute, 2017: 17-19.

[198] KTHENBÜRGER M. Taxation of Digital Platforms[J]. Econpol Working Paper, 2020: 112.

[199] 谢新水. 对平台经济三种数字竞争策略的辩证分析[J]. 浙江学刊, 2022(4): 27-37.

[200] 杜勇, 曹磊, 任思锜. 网络效应视角下工业互联网平台赋能模式的演化机理: 以忽米网为例[J]. 管理案例研究与评论, 2022, 15(6): 673-684.

[201] 朱勤, 孙元, 周立勇. 平台赋能、价值共创与企业绩效的关系研究[J]. 科学学研究, 2019, 37(11): 2026-2033+2043.

[202] HEIN A, WEKING J, SCHREIECK M, et al. Value Co-Creation Practices in Business-to-Business Platform Ecosystems[J]. Electronic Markets, 2019, 29(3): 503-518.

[203] 尚晏莹, 蒋军锋. 工业互联网时代的传统制造企业商业模式创新路径[J]. 管理评论, 2021, 33(10): 130-144.

[204] 王柯懿, 王佳音, 盛坤. 工业互联网平台赋能制造业数字化转型能力评价体系研究[J]. 制造业自动化, 2021, 43(12): 157-162.

[205] 尚洪涛, 宋岸玲. 工业互联网产业政策促进了企业数字化转型吗[J]. 科学学研究, 2023, 41(11): 1991-2003+2072.

[206] 郑勇华, 孙延明, 尹剑峰. 工业互联网平台数据赋能、吸收能力与制造企业数字化转型[J]. 科技进步与对策, 2023, 40(11):19-30.

[207] 石璋铭, 杜琳. 工业互联网平台对产业融合影响的实证研究[J]. 科技进步与对策, 2022, 39(19): 59-68.

[208] 刘阳, 韩天宇, 谢滨, 等. 基于工业互联网标识解析体系的数据共享机制[J]. 计算机集成制造系统, 2019, 25(12): 3032-3042.

[209] SU Z Y, LI C Q, FU H T, et al. Development and Prospect of Telemedicine[J]. Intelligent Medicine, 2024, 4(1): 1-9.

[210] ALBAHRI A S, ALWAN J K, TAHA Z K, et al. IoT-based Telemedicine for Disease Prevention and Health Promotion: State-of-the-Art[J]. Journal of Network and Computer Applications, 2021, 173: 102873.

[211] DORSEY E R, TOPOL E J. State of telehealth[J]. New England Journal of Medicine, 2016, 375(2): 154-161.

[212] ZHENG X, RODRÍGUEZ-MONROY C. The Development of Intelligent Healthcare in China[J]. Telemedicine and E-Health, 2015, 21(5): 443-448.

[213] ZHOU M, ZHAO L, KONG N, et al. Factors Influencing Behavior Intentions to Telehealth by Chinese Elderly: An Extended TAM Model[J]. International Journal of

Medical Informatics, 2019, 126: 118-127.

[214] BROUS E. Legal Considerations in Telehealth and Telemedicine[J]. AJN the American Journal of Nursing, 2016, 116(9): 64-67.

[215] KAHN J M. Virtual Visits — Confronting the Challenges of Telemedicine[J]. The New England Journal of Medicine, 2015,372(18): 1684-1685.

[216] JEFFREY C, NEIL G. Network Effects, Software Provision, and Standardization[J]. Journal of Industrial Economics, 1992, 40(1): 85-103.

[217] PINE B J. Mass Customization: The New Frontier in Business Competition[M]. Brighton: Harvard Business School Press, 1993.

[218] JACOBSON P D, SELVIN E. Licensing Telemedicine: The Need for a National System[J]. Telemedicine Journal and E-Health, 2000, 6(4): 429-439.

[219] MEHROTRA A, NIMGAONKAR A, RICHMAN B. Telemedicine and Medical Licensure — Potential Paths for Reform[J]. New England Journal of Medicine, 2021, 384(8): 687-690.

[220] SVORNY S V. Liberating Telemedicine: Options to Eliminate the State-Licensing Roadblock[M]. Washington: Cato Institute, 2017.

[221] BECKER C D, DANDY K, GAUJEAN M, et al. Legal Perspectives on Telemedicine Part 1: Legal and Regulatory Issues[J]. The Permanente Journal, 2019, 23: 18-293.

[222] SIEGAL G. Telemedicine: Licensing and Other Legal Issues[J]. Otolaryngologic Clinics of North America, 2011, 44(6): 1375-1384.

[223] SULISTIYONO A, BUDIYANTI R T, SRIATMI. A Regulatory Framework for Telemedicine in Indonesia[J]. Eubios Journal of Asian and International Bioethics, 2019, 29(4), 126-131.

[224] KRETSCHMER T, LEIPONEN A, SCHILLING M, et al. Platform Ecosystems as Meta-Organizations: Implications for Platform Strategies[J]. Strategic Management Journal, 2022, 43(3): 405-424.

[225] STEINBROOK R. Interstate Medical Licensure: Major Reform of Licensing to Encourage Medical Practice in Multiple States[J]. Jama, 2014, 312(7): 695-696.

[226] GAWER A. Platform Dynamics and Strategies: From Products to Services[J]. Platforms, Markets and Innovation. 2009, 3: 45-57.

[227] DARKINS A W, CARY M A, et al. Telemedicine and Telehealth: Principles, Policies, Performances and Pitfalls[M]. New York: Springer Publishing Company, 2000.

[228] WEINSTEIN R S, KRUPINSKI E A, DOARN C R. Clinical Examination Component of Telemedicine, Telehealth, Mhealth, and Connected Health Medical Practices[J]. Medical Clinics, 2018, 102(3): 533-544.

[229] JOYIA G J, LIAQAT R M, FAROOQ A,et al. Internet of Medical Things (Iomt): Applications, Benefits and Future Challenges in Healthcare Domain[J]. Journal of Communications, 2017, 12(4): 240-247.

[230] CERBO A, MORALES-MEDINA J C, PALMIERI B, et al. Narrative Review of Telemedicine Consultation in Medical Practice[J]. Patient Preference and Adherence, 2015, 9: 65-75.

[231] MISTRY H, GARNVWA H, OPPONG R. Critical Appraisal of Published Systematic Reviews Assessing the Cost-Effectiveness of Telemedicine Studies[J]. Telemedicine and E-Health, 2014, 20(7): 609-618.

[232] WEINSTEIN R S, LOPEZ A M, JOSEPH B A, et al. Telemedicine, Telehealth, and Mobile Health Applications That Work: Opportunities and Barriers[J]. The American Journal of Medicine, 2014, 127(3): 183-187.

[233] WANG Z, GU H. A Review of Telemedicine in China[J]. Journal of Telemedicine and Telecare, 2009, 15(1): 23-27.

[234] XUE Y, LIANG H. Analysis of Telemedicine Diffusion: The Case of China[J]. Ieee Transactions on Information Technology in Biomedicine, 2007, 11(2): 231-233.

[235] FUCHS M. Webcasting the First U.S.-China Internet-Based Telemedicine Consultation[C]. Association for the Advancement of Computing in Education (Aace), 1999,19: 103-105.

[236] REUVER M, SØRENSEN C, BASOLE R C. The Digital Platform: A Research Agenda[J]. Journal of Information Technology, 2018, 33(2): 124-135.

[237] ROONEY D, LEACH J, ASHWORTH P. Doing the Social in Social License[J]. Social Epistemology, 2014, 28(3-4): 209-218.

[238] CARPENTER D M, SWEETLAND K, KNEPPER L, et al. License to Work: A National Study of Burdens From Occupational Licensing[R]. 2017.

[239] BRUHN M. License to Sell: The Effect of Business Registration Reform on Entrepreneurial Activity in Mexico[J]. The Review of Economics and Statistics, 2011, 93(1): 382-386.

[240] HOPPE H C, JEHIEL P, MOLDOVANU B. License Auctions and Market Structure[J]. Journal of Economics & Management Strategy, 2006, 15(2): 371-396.

[241] DUL J, HAK T. Case Study Methodology in Business Research[M]. New York: Routledge, 2007.

[242] CRESWELL J W. Research Design: Qualitative and Quantitative Approach[J]. London: Publications, 1994,6:228.

[243] YIN R K. Case Study Research: Design and Methods[M]. London: Sage, 2009.

[244] GLASER B G, ANSELM L S. The Discovery of Grounded Theory: Strategies for Qualitative Research[M]. New York: Routledge, 2017.

[245] RAGIN C C, BECKER H S. What is a Case?: Exploring the Foundations of Social Inquiry[M]. Cambridge: Cambridge University Press, 1992.

[246] GHAZAWNEH A, HENFRIDSSON O. Balancing Platform Control and External Contribution in Third-Party Development: The Boundary Resources Model[J]. Information Systems Journal, 2013, 23(2): 173-192.

[247] STAKE R E. Multiple Case Study Analysis[M]. New York:Guilford Press, 2013.

[248] STUMMER C, KUNDISCH D, DECKER R. Platform Launch Strategies[J]. Business & Information Systems Engineering, 2018, 60(2): 167-173.

[249] O'REILLY T. Government as a Platform[J]. Innovations: Technology, Governance, Globalization, 2011, 6(1): 13-40.

[250] MCLAUGHLIN M W. Implementation as Mutual Adaptation: Change in Classroom Organization[J]. Teachers College Record, 1976, 77(3): 1-9.

[251] DREWEL M, ÖZCAN L, GAUSEMEIER J, et al. Platform Patterns—Using Proven Principles to Develop Digital Platforms[J]. Journal of the Knowledge Economy, 2021, 12(2): 519-543.

[252] HAN J, CHO O. Platform Business Eco-Model Evolution: Case Study on Kakaotalk in Korea[J]. Journal of Open Innovation: Technology, Market, and Complexity, 2015, 1(1): 6.

[253] NICOLINI D. The Work to Make Telemedicine Work: A Social and Articulative

View[J]. Social Science & Medicine, 2006, 62(11): 2754-2767.

[254] BERNARD C, BRUNO J. Chicken & Egg: Competition Among Intermediation Service Providers[J]. Rand Journal of Economics, 2003, 34(2): 309-328.

[255] KRETSCHMER T, LEIPONEN A, SCHILLING M, et al. Platform Ecosystems as Meta-Organizations: Implications for Platform Strategies[J]. Strategic Management Journal, 2022, 43(3): 405-424.

[256] GAWER A. Bridging Differing Perspectives on Technological Platforms: Toward an Integrative Framework[J]. Research Policy, 2014, 43(7): 1239-1249.

[257] CUSUMANO M A. The Evolution of Research on Industry Platforms[J]. Academy of Management Discoveries, 2022, 8(1): 7-14.

[258] GAWER A, CUSUMANO M A. Industry Platforms and Ecosystem Innovation[J]. Journal of Product Innovation Management, 2014, 31(3): 417-433.

[259] HÄNNINEN M, SMEDLUND A, MITRONEN L. Digitalization in Retailing: Multi-Sided Platforms as Drivers of Industry Transformation[J]. Baltic Journal of Management, 2017, 13(2): 152-168.

[260] LAN S, LIU K, DONG Y. Dancing with Wolves: How Value Creation and Value Capture Dynamics Affect Complementor Participation in Industry Platforms[J]. Industry and Innovation, 2019, 26(8): 943-963.

[261] MONTGOMERY W D. Markets in Licenses and Efficient Pollution Control Programs[J]. Journal of Economic Theory, 1972, 5(3): 395-418.

[262] TEECE D J. Profiting From Technological Innovation: Implications for Integration, Collaboration, Licensing and Public Policy[J]. Research Policy, 1986, 15(6): 285-305.

[263] NGUYEN X, SGRO P, NABIN M. Optimal Licensing Policy Under Vertical Product Differentiation[J]. Review of Development Economics, 2017, 21(3): 497-510.

[264] SEN D, TAUMAN Y. General Licensing Schemes for a Cost-Reducing Innovation[J]. Games and Economic Behavior, 2007, 59(1): 163-186.

[265] ERKAL N. Optimal Licensing Policy in Differentiated Industries[J]. Economic Record, 2005, 81(252): 51-60.

[266] SUTRISNO E, JAZILAH I. The Licensing Policy for Groundwater Extraction and Management for Hospitality Industry in Cities in Developing Countries[J]. Water

Policy, 2019, 21(4): 758-767.

[267] MERMELSTEIN H, GUZMAN E, RABINOWITZ T, et al. The Application of Technology to Health: The Evolution of Telephone to Telemedicine and Telepsychiatry: A Historical Review and Look at Human Factors[J]. Journal of Technology in Behavioral Science, 2017, 2(1): 5-20.

[268] HEINZELMANN P J, WILLIAMS C M, LUGN N E, et al. Clinical Outcomes Associated with Telemedicine/Telehealth[J]. Telemedicine and E-Health, 2005, 11(3): 329-347.

[269] JULLIEN B. Competing with Network Externalities and Price Discrimination[Z](2001-07-01).

[270] PARKER G G, ALSTYNE M V. Unbundling in the Presence of Network Externalities[R]. Mimeo, 2002.

[271] ROCHET J C, TIROLE J. Cooperation Among Competitors: Some Economics of Payment Card Associations[J]. The Rand Journal of Economics, 2002, 33(4): 549-570.

[272] HAGIU A. Pricing and Commitment by Two-Sided Platforms[J]. The Rand Journal of Economics, 2006, 37(3): 720-737.

[273] FARRELL J, KLEMPERER P. Coordination and Lock-in: Competition with Switching Costs and Network Effects[J]. Handbook of Industrial Organization. 2007, 3: 1967-2072.

[274] BAYE M R, MORGAN J, SCHOLTEN P. Temporal Price Dispersion: Evidence From an Online Consumer Electronics Market[J]. Journal of Interactive Marketing, 2004, 18(4): 101-115.

[275] TAN F, TAN B, LU A. Delivering Disruption in an Emergent Access Economy: A Case Study of an E-Hailing Platform[J]. Communications of the Association for Information Systems, 2017, 41: 497-516.

[276] TAN B, PAN S L, LU X. The Role of IS Capabilities in the Development of Multi-Sided Platforms: The Digital Ecosystem Strategy of Alibaba. com [J]. Journal of the Association for Information Systems, 2015, 16(4): 2.

[277] PICCIONI C, VALTORTA M, MUSSO A. Investigating Effectiveness of on-Street Parking Pricing Schemes in Urban Areas: An Empirical Study in Rome[J]. Transport Policy, 2018, 80: 136-147.

[278] CAO J, MENENDEZ M, WARAICH R. Impacts of the Urban Parking System on Cruising Traffic and Policy Development: The Case of Zurich Downtown Area, Switzerland [J]. Transportation, 2019, 46: 883-908.

[279] 邵玲. 基于公共汽车的停车换乘在英国的作用：历史回顾与评述 [J]. 城市交通, 2011(1): 72-88.

[280] 范文博. 英国牛津城停车换乘发展经验与启示 [J]. 交通运输工程与信息学报, 2013, 01(11): 40-46.

[281] 惠英, 杨飞. 英国停车换乘交通对策的实践与借鉴 [J]. 重庆交通大学学报, 2008, 27(6): 1120-1123+1172.

[282] 杨飞. 停车换乘实施效果分析：以英国牛津和约克为例 [J]. 交通与运输, 2005, 2: 75-78.

[283] 季彦婕, 韩婧, 王炜. 英国纽卡斯尔市停车管理策略及对中国的启示 [J]. 城市交通, 2016, 14(4): 40-45+96.

[284] 曹信孚. 英国解决停车问题的对策 [J]. 交通与运输, 1996, 1: 33.

[285] 陈冰, 刘胜利. 英国停车管理简介 [J]. 道路交通与安全, 2004, 2: 35-36.

[286] 曾荣, 张玲. 道路停车管理的创新路径探究：以北京市道路停车管理改革为例 [J]. 北京行政学院学报, 2020, 4: 28-35.

[287] 李蕊, 罗芳芳. 城市道路违法停车执法改革研究 [J]. 中国行政管理, 2018, 6: 151-153.

[288] 李盼道. 停车产业化发展的现状及其动力机制研究 [J]. 新疆大学学报, 2019, 1(47): 1-15.

[289] 李盼道. 停车收费的转嫁及价格波及效应研究 [J]. 西安财经学院学报, 2019, 2(3): 27-36.

[290] CATS O, ZHANG C, NISSAN A. Survey Methodology for Measuring Parking Occupancy: Impacts of an on-Street Parking Pricing Scheme in an Urban Center[J]. Transport Policy, 2016, 47: 55-63.

[291] 刘倩, 王缉宪, 李云. 面向可持续的城市停车管理：国际比较与借鉴 [J]. 国际城市规划, 2019, 6(34): 63-69.

[292] 许红, 李玉涛, 郭湛. 从管制到市场：市场主导型停车政策的文献综述 [J]. 国际城市规划, 2019, 6(34): 70-78.

[293] 张彧, 冯威, 雷静雯. "智慧停车"对中国绿色停车评价指标体系的启示 [J]. 现

代城市研究, 2019, 9: 97-103.

[294] ROSENBLUM J, HUDSON A W, BEN-JOSEPH E. Parking Futures: An International Review of Trends and Speculation[J]. Land Use Policy, 2020, 91:104054.

[295] CENNAMO C. Competing in Digital Markets: A Platform-Based Perspective[J]. Academy of Management Perspectives, 2021, 35(2): 265-291.

[296] NADKARNI S, PRÜGL R. Digital Transformation: A Review, Synthesis and Opportunities for Future Research[Z], 2020.

[297] REIS J, AMORIM M, MELÃO N, et al. Digital Transformation: A Literature Review and Guidelines for Future Research[C]. Proceedings of the World Conference on Information Systems & Technologies, 2018.

[298] INCI E. A Review of the Economics of Parking[J]. Economics of Transportation, 2015, 4(1-2): 50-63.

[299] TIWANA A, KONSYNSKI B, BUSH A. Platform Evolution: Coevolution of Platform Architecture, Governance, and Environmental Dynamics (Research Commentary)[J]. Information Systems Research, 2010, 21(4): 675-687.

[300] PENG G C A, NUNES M B, ZHENG L. Impacts of Low Citizen Awareness and Usage in Smart City Services: The Case of London's Smart Parking System[J]. Information Systems and E-Business Management, 2017, 15(4): 845-876.

[301] 王忠. 英国缓解城市停车供需矛盾的经验及启示[J]. 城市观察, 2019, 4: 117-123.

[302] 徐翔, 厉克奥博, 田晓轩. 数据生产要素研究进展[J]. 经济学动态, 2021(4): 142-158.

[303] 孟小峰, 慈祥. 大数据管理: 概念、技术与挑战[J]. 计算机研究与发展, 2013, 50(1): 146-169.

[304] REEVE A. Managing Data in Motion[M]. Oxford: Newnes, 2013.

[305] 刘婵, 谭章禄. 大数据条件下企业数据共享实现方式及选择[J]. 情报杂志, 2016, 35(8): 169-174.

[306] 高云君, 葛丛丛, 郭宇翔, 等. 面向关系型数据与知识图谱的数据集成技术综述[J]. 软件学报, 2023, 34(5): 2365-2391.

[307] 金珺, 陈赞, 李诗婧. 数字化开放式创新对企业创新绩效的影响研究: 以知识场活性为中介[J]. 研究与发展管理, 2020, 32(6): 39-49.

[308] 钱天国.数字赋能全链集成创新:整体智治政府的建设路径[J].浙江学刊,2022(3): 35-42.

[309] 刘叶婷,唐斯斯.大数据对政府治理的影响及挑战[J].电子政务,2014(6): 20-29.

[310] 曾坚朋,赵正,杜自然,等.数据流通场景下的统一隐私计算框架研究:基于深圳数据交易所的实践[J].数据分析与知识发现,2022, 6(1): 35-42.

[311] 魏安瑶."互联互通"视角下平台数据垄断行为及规制研究[J].中国物价,2023(2): 73-77.